내 아이가 축구를 한다면
꼭 전해 주고 싶은 이야기

이기는 법 이전에, 성장하는 법부터

고인이 되신 아버지로부터
'축구'와 '열정'을 선물받았습니다.

이 책을 통해 그 '사랑'을 세상에 흘려 보냅니다.

추천의 글

최호영

사단법인 대한체육회 제42대 국제위원회 국제위원 / BS89 유소년 축구클럽 대표
㈜FnS 대표(국민체육진흥공단 경륜·경정 본부 해외 진출 사업 에이전시)

2018년 부산 아이파크 축구단 홍보마케팅실장 근무 시절, 조세민 감독과 처음 만났다. 그 인연이 이어져 2020년 내가 창단한 BS89 유소년 축구클럽의 총괄 감독으로 함께하며, 어느덧 5년째 동반자로 호흡을 맞추고 있다. 첫 만남부터 저자와 나는 축구에 대한 철학이 놀라울 만큼 닮아 있었다. 그래서인지 함께 일하면서도 늘 서로 긍정적인 자극을 주고받을 수 있었다. 우리는 한국 축구의 구조적인 문제점에 공감했고 이를 타개하기 위해 유럽, 일본, 남미 등 선진 축구의 장점을 분석하여 현실에 적용하기 위한 수많은 논의를 이어 왔다. 저자는 이러한 고민의 연장선에서 유소년 선수와 그 부모들이 보다 직관적이고 합리적인 의사결정을 내릴 수 있도록 돕는 이 책을 세상에 내놓았다.

이 책에는 저자가 선수로 성장하며 겪은 시행착오와 직업선수로서의 좌절 이후 유망주 육성 전문가로 일하며 쌓아 온 풍부한 현장 경험에 기반을 둔 핵심적인 통찰이 담겨 있다. 특히 축구를 진로로 고민하는 청소년과 그 부모들에게 꼭 필요한 현실적인 조언들로 가득하다. 또한 엘리트 유소년 선수들이 기술 습득의 본질과 테크니컬 철학을 이해하는 데 큰 도움이 될 내용도 담겨 있다.

프로 선수로 성장하고자 하는 이들에게는 단순한 기술 습득이 아니라 축구에 대한 정확한 이해와 올바른 방향성이 필요하다. 그런 의미에서 이 책은 축구 기술을 배우는 모든 유소년과 그 가족들에게 훌륭한 지침서가 되어 줄 거라 생각한다.

저자의 경험과 통찰이 담긴 이 책이 대한민국 축구계를 이끌어 갈 유소년 선수들의 올바른 성장을 돕고, 어려운 고비마다 현명한 선택을 할 수 있도록 이끌어 주는 든든한 나침반이 되기를 바란다.

김주영
한국 미즈노 스포츠 사업부장

이 책은 단순한 자녀 교육서를 넘어, 한국 유소년 축구의 패러다임 전환기에 꼭 필요한 전문적인 통찰과 실질적인 가이드를 제시하고 있다고 생각한다. 이 책이 특별한 이유는, 저자가 스페인과 K리그 유스 팀 그리고 대한축구협회에서 쌓은 풍부한 현장 경험을 바탕으로 '학원 축구'에서 '클럽 축구'로 전환되어 가는 현시점에 부모의 역할이 어떻게 변화해야 하는지 명확하게 제시하고 있기 때문이다. 이제는 지도자에게 모든 것을 맡기던 과거 방식에서 벗어나, '가정'이 중심이 되어 아이의 진로에 책임져야 한다는 저자의 메시지는 스포츠 비즈니스와 가정의 경계에 서 있는 나에게 깊은 울림을 주었다. 이 책에서 가장 인상 깊었던 대목은, 단지 "축구 선수가 되겠다"는 아이의 말에 감정적으로 대응하는 것이 아니라, 아이와 부모가 1년간 훈련을 함께 지속하면서 아이의 진심을 판단하라는 현실적인 조언이었다. 이는 감정적으로 응원만 하는 것이 아니라 냉철한 관찰과 판단을 통해 아이를 도울 수 있는 구체적인 실행 기준을 부모에게 제시한 것이라 생각한다.

이 책의 백미는 '축구 기본기'에 대한 새로운 관점이다. 저자는 자신의 경험을 바탕으로 기술뿐만 아니라 사고력과 상황 판단력까지 포함한 '축구의 기본기'를 제시한다. 이를 통해 아이가 단순히 경기에서 이기기 위해 뛰는 선수가 아닌 매 경기, 매 훈련을 거치며 한 단계 성장하는 사람으로 자라야 한다는 메시지를 전한다.

이 책은 막연하게 꿈을 품고 있는 유소년 선수와 학부모, 한국 축구의 미래를 고민하는 유소년 지도자 그리고 나와 같은 스포츠 업계 종사자들에게 유소년 축구의 성장을 위한 전략적 로드맵이자, 한국 유소년 스포츠의 미래를 준비하는 필독서가 될 거라 확신한다.

한준
축구 전문기자 / 한준TV 크리에이터 / 풋볼아시안 발행인

20년 가까이 축구 현장을 취재하면서 가장 크게 느낀 것은, 선수의 잠재력이 온전히 발휘되기 위해서는 다른 무엇보다 좋은 지도자를 만나야 한다는 점이었다. 좋은 지도자가 되기 위해 가장 중요한 요건은 선수를 대하는 태도와 마음가짐 그리고 시행착오가 따를 수밖에 없는 시간을 견디며 수많은 선수를 지도하는 동안 쌓아 올린 경험이라고 생각한다.

세계 최고 수준의 선수 육성 시스템을 자랑하는 스페인 바르셀로나에서 지도자 공부를 하고 한국으로 돌아와 다양한 클럽에서 수많은 아이들을 다년간 지도해 온 조세민 코치는 처음 만났을 때의 패기와 열정을 그대로 간직한 채 노련하고 세심한 지도자로 왕성하게 활동 중이다.

조세민 코치가 이번에 내놓은《내 아이가 축구를 한다면 꼭 전해 주고 싶은 이야기》는 내 아이가 축구를 통해 어떻게 성장할 수 있을까를 고민하는 모든 부모님에게 크나큰 울림을 줄 지침서이다. 프로 선수를 꿈꾸든, 인생의 취미로 삼든 아이의 첫 축구를 조세민 코치에게 맡길 수 있다는 확신이 드는 이유가 여기에 있다.

정승화
부산 아이파크 U12 감독 / 독일 UEFA 라이선스 지도자

조세민 감독님은 중학교 시절 함께 선수 생활을 하던 때부터, 지도자의 길을 걷기까지 '축구를 단순한 경기'가 아닌 '사람을 성장시키는 언어'로 바라보는 특별한 시선을 지니고 있었다. 그 후 유럽에서 지도자의 길을 공부하며, 그는 '어떻게 아이들이 축구를 통해 더 깊이 성장할 수 있을까'라는 질문에 답을 찾기 위해 노력했다. 이 책에는 그 답을 찾는 과정에서 단련된 축구 철학과 고민이 고스란히 녹아 있다. 단순히 훌륭한 축구 선수로 성장하는 방법뿐만 아니라, 축구라는 도구를 통해 아이가 '어떤 어른으로 성장해야 하는가'에 대한 깊은 통찰도 함께 담겨 있다.

또한 이 책에는 스페인에서의 경험과 한국 축구 교육 현장의 현실이 절묘하게 교차되어 있어 축구 선수뿐만 아니라 부모와 지도자 모두에게 '성장의 본질'을 다시 생각하게 만든다.

지난 25년간 저자의 축구에 대한 열정과 진심을 지켜본 한 사람으로서, 이 책이 축구 선수를 꿈꾸는 아이들의 실력 향상뿐 아니라 내면의 성장까지 이끌고자 하는 모든 부모님과 지도자에게 귀한 길잡이가 될 거라 확신한다.

축구와 아이들을 사랑하는 마음으로 쓰인 이 책을 진심을 다해 추천한다.

정수연
'조세민의 풋볼레슨' 안이준 교육생 모

2024년 중순쯤, 우연히 조세민 감독님이 진행하는 온라인 학부모 교육을 알게 되어 강의를 듣게 되었다. 그 수업에서 조 감독님은 비선수 출신 부모들이 왜 축구를 공부해야 하는지, 볼 감각과 상황 해결 능력은 왜 중요한지 쉽게 설명해 주셨다. 어찌 보면 나도 그때까지는 아이의 훈련은 지도자에게 맡기고 조용히 지켜보는 부모였다. 내가 할 수 있는 역할은 아이가 잘 먹고, 잘 자고, 일정에 맞게 하루를 보내도록 도와주는 것뿐이라 생각했고 그런 부모가 최고인 줄 알았다.

하지만 그날 강의는 나에게 신선한 충격으로 다가왔다. 더 알고 싶었고, 더 배우고 싶었기에 곧바로 감독님이 운영하는 온라인 강의에 등록해 축구를 공부하기 시작했다. 그러는 사이 축구가 단순한 신체 운동이 아니라 자신을 표현하는 하나의 예술이라는 생각이 들었다. 우리 아이가 가진 색깔로 그 예술을 어떻게 표현할지 궁금해졌다. 그리고 아이가 왜 축구를 좋아하는지, 그 이유를 조금씩 이해하게 되었다.

아들이 감독님 수업을 한 번 받아봤으면 좋겠다는 확신이 들어 새벽 기차를 타고 부산으로 향했다. 한 달가량 적응 기간이 필요했지만, 세 번째 수업부터는 아이의 눈빛이 달라졌다. 축구에 대한 생각이 바뀌면서 "축구가 쉬워졌다"고 말하는 얼굴 가득 기쁨이 번져 있었다. 3개월 후 수업을 마치고 기차를 타러 가던 길, 매서운 바람 사이로 아들이 벅찬 표정을 지으며 말했다.

"엄마, 가슴이 뻥 뚫려… 내가 알고 싶었던 거야."

그 한마디에 내 마음도 시원하게 트였다. 아직도 그 표정을 잊을 수 없다.

어느 날, 축구 대회에서 돌아온 아들의 가방에서 멘톨향 사탕을 보았다. 평소 화한 맛을 싫어하던 아이라 물었다.

"이준아, 먹지 않던 사탕은 왜 산 거야?"

"감기 걸려서 기침이 많이 나면, 감독님 수업에 못 가잖아."

그 말을 듣는 순간, 눈물이 핑 돌았다. 감독님 수업을 좋아하게 되면서 팀에서 느끼는 답답함이 커졌는지, 아이는 자주 아프기 시작했다. 밤에 울면서 "답답해…"라고 잠꼬대를 하던 날, 그 말이 내 마음을 미어지게 했다. 결국 가족을 설득해 아이와 함께 부산으로 이사 오기로 했다.

이사 온 후 아들은 감독님과 이론 수업 때 배운 내용들을 방 벽에 빼곡히 붙여두고, 매일 아침 볼 감각 훈련을 한다. 마치 항해를 준비하는 선원처럼 말이다. 혼자 보던 해외 축구도 이제는 내가 먼저 경기 일정을 물어본다. 모두가 잠든 새벽, 아이와 함께 축구를 보며 경기 장면을 이야기하는 시간은 이제 내 삶의 낙이 되었다. 그렇게 우리 가족은 감독님의 '결'에 천천히 스며들었다. 감독님의 책이 나온다는 소식을 듣고 설레는 마음으로 글자 한 줄 한 줄을 읽었다. 지난 1년 동안 내가 보고 느낀 것들이 책 속에 고스란히 담겨 있어 가슴 한편이 찡했다. 이 책이 누군가에게 또 다른 영감이 되어 작은 물결처럼 하나둘 퍼져 나가기를 바란다. 오늘도 변함없이 아이와 함께 묵묵히 걸어가는 이 길 위에서 우리처럼 걸어가는 사람을 만날 것만 같다. 든든한 버팀목이 있기에 오늘도 걸음이 한결 가볍다.

목차

추천의 글   4
프롤로그   12

CHAPTER 01   부모님과 우리 아이에게 드리는 글

01   우리 아이, 축구 선수 해도 될까?   18
02   부모의 노력과 아이의 실력은 비례한다   23
03   부모와 자녀가 함께 키워야 할 축구의 또 다른 기본기   27
04   아버지께 배우고, 축구로 익힌 세 가지 습관   34
05   축구 선수가 가져야 할 멘탈 규칙 10가지   39

CHAPTER 02   축구의 기본기 강의

06   축구의 기본기란 무엇인가   46
07   축구의 기본 기술   55
08   상황 해결 능력   60

CHAPTER 03 | 축구의 기본기 구성 요소

09	축구의 기본 기술 - 볼 감각 1	70
10	축구의 기본 기술 - 볼 감각 2	78
11	축구의 기본 기술 - 드리블 1	91
12	축구의 기본 기술 - 드리블 2	103
13	축구의 기본 기술 - 드리블 3	114
14	축구의 기본 기술 - 볼 컨트롤	143
15	축구의 기본 기술 - 패스	162
16	축구의 기본 기술 - 슈팅	181
17	상황 해결 능력 - 상황 인지 능력	197
18	상황 해결 능력 - 압박 저항력	206
19	상황 해결 능력 - 경기 경험	220

에필로그 230

프롤로그

2015년, 나는 첫 책《그들은 왜 이기는 법을 가르치지 않는가 - 스페인 유소년 축구 체험기》를 세상에 내놓았다. 그리고 어느덧 10년이 흘렀다. 이제는 절판되어 더 이상 서점에서 찾아볼 수 없지만, 여전히 내 책장 한편에는 그 책이 꽂혀 있다. 가끔 꺼내 읽으며 이런 생각을 한다. "그땐 보이는 것만 그대로 나열했을 뿐, 깊이와 본질을 담아내지 못했구나."

그 후 10년이 지났다. 한국으로 돌아와 수많은 아이를 가르쳤고, 수많은 학부모님을 만났으며, 수많은 경기장에서 웃고 울었다. 그 모든 시간이 나를 성장시켰고, 내 축구 철학을 더욱 선명하게 다듬어 주었다.

이 책《내 아이가 축구를 한다면 꼭 전해 주고 싶은 이야기》는 내가 지난 10년 동안 현장에서 보고, 듣고, 부딪히며 얻은 깨달음의 기록이다. 그리고 축구 지도자로서, 또 한 사람의 인생 선배로

서 다음 세대에 반드시 전하고 싶은 이야기다.

스페인 유학을 마친 뒤, 나는 K리그 프로 유스 팀에서 지도자로 일하며 아이들을 가르쳤다. 동시에 대한축구협회 프리 골든에이지 TF 팀에 합류해, 미취학 아동부터 초등 고학년에 이르는 선수들을 위한 교육 프로그램을 만들었다. 그 시간은 값지고 보람찼다. 그러나 동시에 냉정한 결론에 도달할 수밖에 없었다. 내가 꿈꾸는 교육 방식은 한국 유소년 축구 시스템 안에서 실현되기 어렵다는 사실이었다.

그래서 나는 프로 유스 팀 지도자 재계약을 거절했고, 대신 내 이름을 건 축구 교육을 시작했다. 그렇게 선택할 수밖에 없었던 배경에는 한국 유소년 축구의 현실과 시대가 요구하는 변화가 있었다.

내가 어렸을 때는 축구 선수의 꿈을 이루려면 축구부가 있는 초등학교로 전학을 가서 합숙소 생활을 하는 것이 당연한 일이었다. 합숙소에는 부모님보다 더 '축구 전문가'라 불리던 감독님과 코치님이 계셨다. 부모님의 역할은 단 세 가지였다. 나를 위해 기도해 주시는 것, 주말에 함께 시간을 보내 주시는 것, 그리고 매달 합숙비를 보내 주시는 것.

그러나 시대가 변했다. '학원 축구'에서 '클럽 축구'로, '합숙소'에서 '가정'으로. 이제는 집에서 프로 선수의 꿈을 키우는 시대다. 그래서 나는 생각했다. 축구를 좋아하거나, 프로 선수를 꿈꾸는 자녀를 둔 부모님께 '가정'에서도 그 꿈을 현실로 만들 수 있는 길을 보여 주는 책이 필요할 거라고.

"엄마, 아빠, 저 축구 선수가 되고 싶어요!"

타임머신이 있다면, 정확히 29년 전 부모님께 "프로축구 선수가 되고 싶다"는 말을 처음 꺼냈던 그 순간으로 돌아가고 싶다. 아무것도 모른 채, 사랑하는 아들의 그 한마디만을 믿고 자신의 인생을 기꺼이 내던지신 나의 아버지와 나의 어머니. 그때 그 두 분의 손에 이 책을 꼭 쥐어 드리고 싶다.

부모님과 우리 아이에게 드리는 글

우리 아이,
축구 선수 해도 될까요?

운동선수 출신 부모도 잘 모르는, 운동선수 출신 부모만 갖고 있는 특별한 장점 한 가지가 있습니다. 바로 자녀에게 운동을 시켜야 할지 말아야 할지를 어느 정도 판단할 수 있다는 점입니다. 비운동선수 출신 부모는 잘 모를 수 있겠지만, 운동선수 출신 부모는 자신의 경험을 바탕으로 자녀의 진로를 대략적으로 판단할 수 있습니다. 이는 부모와 자녀가 함께 '자의적으로' 축구를 시작하느냐, 아니면 '타의에 의해' 시작하느냐를 가르는 경계선이 됩니다.

아이들이 유치원이나 초등학교 저학년일 때 축구를 좋아한다면 어떤 부모든 가볍게 집 근처 축구 클럽의 취미반에 아이를 등록시킬 수 있습니다. 마치 큰 부담 없이 영어 학원이나 수학 학원에 보내는 것처럼 '축구 학원'에 보내는 것입니다.

하지만 운동선수 출신 부모는 이 단계부터 아이를 조금 다르게 봅니다. 내 아이가 나처럼 운동 신경을 타고났는지, 승부욕은 있는지, 볼에 얼마나 집중하는지를 유심히 관찰합니다. 부모는 자신이 경험했던 기준을 바탕으로, 아이가 얼마나 축구 선수가 될 가능성이 있는지를 조금 더 빨리 감지하려 노력합니다.

그리고 전문적으로 배우기 전에 반드시 알려줍니다. 프로 선수가 되는 길이 얼마나 혹독한지, 얼마나 많은 어려움이 기다리고 있는지를. 그럼에도 아이가 해 보겠다고 다짐한다면 그 순간부터 비로소 프로를 향한 첫걸음을 내딛는 것입니다.

물론 아이의 10년, 20년 뒤를 예측하는 건 불가능합니다. 하지만 '가능성'이라는 싹이 있는지를 가늠해 보는 것만으로도 부모로서 중요한 역할이 시작된 것과 마찬가지입니다. 반면, 운동선수 경험이 없는 부모는 이 과정이 생략되어 있습니다. 대부분 지도자나 주변 환경 혹은 아이의 말에 의존해서 선수반 전환이라는 중대한 결정을 내리는 경우가 많습니다. 결국 아이의 인생이 '본인의 판단'이 아닌, '타인의 권유'로 결정되는 셈입니다. 누군가는 아이 본인의 판단이니 존중해 주어야 한다고 생각할 수 있습니다. 하지만 저는 '존중'과 '책임'은 다르다고 생각합니다. 이제 막 10살이 된 아이가 "축구 선수가 되고 싶다"고 말했다고 해도 충분히 그 의견은 존중받아야 합니다. 하지만 그 말 한마디에 나머지 가족의 시간과 돈, 에너지를 약 10년간 쏟아부어야 하는 '결정'을 내리는 건 분명 부모의 책임이어야 한다고 생각합니다.

예를 들어보겠습니다. 아이에게 "너 정말 축구 선수가 되고 싶은 거니?"라고 물었을 때, 아이는 "응!"이라고 쉽게 대답할 것입니다. 그러나 '응'이라는 그 대답 안에는 매일 아침 6시에 일어나 혼자 스트레칭을 하고, 비가 와도 훈련을 나가고, 부상을 당해 힘든 순간이 오더라도 참고 견딜 수 있는 마음의 준비가 되어 있다는 말까지는 포함되어 있지 않습니다. 아이의 말은 그저 꿈에 대한 표현일 뿐입니다. 부모는 그 꿈이 현실이 될 수 있을지 가늠해 봐야 하고, 그 말이 행동으로 이어질 수 있는 준비가 되어 있는지 지켜봐야 합니다. 자녀의 진로를 결정하는 건 단순한 응원이라는 감정이 아니라, 냉정한 관찰과 깊은 이해를 바탕으로 이루어져야 한다는 말입니다. 그것이 바로 부모로서, 보호자로서 우리가 감당해야 할 몫입니다.

물론 예외는 있습니다. 비운동선수 출신 부모라도 아이가 남보다 뛰어난 재능을 보인다면 자의적인 판단이 가능합니다. 예를 들어 동네 축구 클럽의 취미반에서 시작했지만, 취미반 대회에 나가서도 유독 빠르고 민첩한 움직임과 탁월한 골 결정력을 보인다면 부모도 자연스레 "이 아이 뭔가 있네"라는 생각이 들 수 있습니다. 그렇지만 죄송하게도 이런 사례는 극히 드뭅니다.

대부분은 이렇게 선수반 활동을 시작합니다. 유치원을 다닐 때 혹은 초등학교 1~2학년 때쯤 축구를 좋아해서 취미반에 등록합니다. 그리고 시간이 지나 구력이 어느 정도 쌓이면 지도자가 선수반 가입을 권유하거나 아이 스스로 축구를 잘하는 친구들이 많은 선수반으로 옮기고 싶다고 말합니다. 이때 부모는 본인의 판단

보다는 자녀의 의지나 지도자의 권유에 따라 결정을 내리는 경우가 많습니다. 다시 말해 '타의에 의한 선택'을 하게 되는 것입니다.

많은 부모님들이 저에게 이렇게 말씀하셨습니다.

"아이가 원한다면 저는 빚을 내서라도 시킬 겁니다."

물론 그 마음, 정말 귀합니다. 하지만 예체능 분야는 감정만으로 미래를 결정하기엔 리스크가 크다는 사실을 잊어서는 안 됩니다. 그 결정에는 기회비용, 매몰비용, 무엇보다 '가족 전체의 시간'이 걸려 있기 때문입니다. 축구는 한 아이의 인생뿐 아니라 가족 전체의 삶을 바꿔 놓을 수 있습니다.

그렇다면 비운동선수 출신 부모는 어떻게 하면 지혜로운 판단을 내릴 수 있을까요? 저는 이렇게 권해 드리고 싶습니다. 아이의 '말'이 아니라, '행동'을 지켜보고 판단하시라는 겁니다. 진심은 말이 아닌 행동에서 드러납니다. 딱 1년, 사계절 동안만 아이와 함께해 보시길 추천 드립니다. 새벽이든 저녁이든 일주일에 네 번, 하루 30분이라도 아이와 함께 운동장을 뛰며 연습해 보는 겁니다. 그러다 보면 알게 되실 겁니다. 아이가 정말 축구에 진심인지, 아니면 단순히 '재밌어서' 축구 선수가 되고 싶다고 말한 것인지. 그리고 이 과정을 시작하기 전 가족끼리 약속을 하나 정해 보시길 추천 드립니다.

"세민아, 네가 진심으로 프로축구 선수가 되고 싶다면 딱 1년만 최선을 다해 보자. 그 1년 동안 말이 아닌 행동으로 진심을 보여 줘야 해. 아빠와 엄마는 최선을 다해 너를 도울게. 하지만 우리가 네 행동을 지켜본 다음 단순한 흥미나 일시적인 열정이라고 판단된다면 다시 취미반으로 돌아가기로 하자. 만약 네가 진심을 다해 행동으로 보여 준다면 아빠, 엄마는 최선을 다해 너의 꿈을 지원해 줄거야."

그 1년은 아이에게도 부모에게도 특별한 시간이 될 것입니다.

가슴 아픈 이야기지만 대부분의 아이는 프로 선수가 되지 못합니다. 하지만 부모의 신뢰를 등에 업고 스스로의 꿈을 향해 최선을 다해 본 어린 시절의 경험은 그 어떤 실패보다 값진 자산이 될 것입니다. 저 역시도 프로 선수 생활은 고작 1년밖에 하지 못했습니다. 하지만 10년 동안 가족의 지지 속에서 꿈을 향해 달렸던 그 시간은 지금도 제 안에 살아 숨 쉬고 있습니다. 제 삶의 단단한 기둥으로 자리 잡았으니까요. 그 시간이 있었기에 저는 이후의 인생 또한 개척해 나갈 수 있었습니다. 이 책을 읽고 계신 부모님의 자녀도 그러한 시간을 가질 수 있도록, 딱 1년만 부모님과 자녀가 함께 그 길을 걸어봐 주세요. 전문적인 축구 선수의 길을 걷기 전의 그 '1년'이 아이뿐만 아니라 가족 전체의 인생을 바꿔 놓을 수도 있습니다.

부모의 노력과
아이의 실력은 비례한다

예로부터 이런 말이 있습니다. "의사 집안에서 의사 나고, 박사 집안에서 박사 난다." 이 말은 한국 축구계에서도 통합니다. 대표적으로 손웅정·손흥민 부자, 차범근·차두리 부자, 기영옥·기성용 부자, 이을용·이태석 부자 등이 있습니다. 축구라는 단일 종목을 넘어 스포츠 전반으로 범위를 확장해 보면 운동선수 출신 부모의 자녀가 더 높은 확률로 성공하는 경향은 더욱 뚜렷해집니다. 축구 외 종목을 예로 들면, 이강인 선수의 아버지는 태권도 선수 출신입니다. 김민재 선수의 아버지는 유도 선수, 어머니는 육상 선수셨습니다. 이처럼 찾아보면 사례는 수없이 많지만 우리가 그 사실을 잘 몰랐을 뿐입니다.

사실 운동선수 출신 부모의 자녀가 더 높은 확률로 성공하는 것은 어쩌면 자연스러운 일입니다. 의사 집안에서 의사가 많이 나오고, 박사 집안에서 박사가 많이 나오는 것과 같은 이치입니다. 특히 지금의 부모 세대는 '생활 스포츠'가 아닌 '엘리트 스포츠' 문화 속에서 자라왔기에 그 격차는 상상 이상입니다.

운동선수 출신 부모가 이 글을 읽는다면 아마도 아무렇지 않게 넘어가실 수 있습니다. 그분들에겐 익숙한 이야기이고 이미 알고 계신 현실이기 때문입니다. 하지만 비운동선수 출신 부모께서는 이 글을 읽고 마음 한편이 먹먹해질지도 모릅니다. 제가 이 내용을 책의 앞쪽에 배치한 이유도 바로 여기에 있습니다. 운동선수 출신과 비운동선수 출신 사이에 분명한 차이가 존재한다는 사실을 부모와 자녀가 먼저 인정해야 이후에 제가 전하고자 하는 조언과 메시지를 보다 절실하게 받아들이실 수 있기 때문입니다.

지난 30년간 축구 선수와 지도자로서 한국과 스페인을 오가며 쌓아 온 저의 경험은 결코 가볍지 않다고 생각합니다. 저는 이 책이 운동선수 출신 부모와 그 자녀보다는, 저의 부모님처럼 아무런 배경 없이 자녀를 엘리트 축구 선수로 키우고 계신 부모님과 그 자녀들에게 길을 비춰 주는 등불 같은 책이 되기를 바랍니다.

이쯤에서 한 가지 짚고 넘어가고 싶은 것이 있습니다. 프로에 입성한 선수들의 부모님 인터뷰에는 공통적으로 반복되는 말들이 있습니다. "아이에게 운동 이야기는 전혀 하지 않았다." "아이 스스로 열심히 했다." 이런 이야기를 흔히 접할 수 있습니다. 하지만 저는 그 말을 곧이곧대로 믿지 않습니다. 그건 겸손의 말이지 진실은 아니라고 생각합니다. 부모님이 운동선수 출신이든 아니든,

그 부모님들 모두 분명히 남다른 노력을 해 오셨습니다.

운동선수 출신 부모 밑에서 자란 아이는 삶의 태도, 생활 습관, 문화, 유전적인 부분까지 운동과 관련된 긍정적인 영향을 자연스럽게 흡수하며 성장합니다. 이것은 팩트입니다. 그들은 '무엇을, 어떻게, 얼마나 해야 하는지'를 일상에서 무의식적으로 배우게 됩니다. 무의식적으로 행하는 이 모든 것들(성격, 생각, 행동, 습관, 말투 등)은 결국 아이가 축구를 바라보는 관점, 경기와 훈련에 임하는 태도, 실수하거나 패배했을 때의 마음가짐에까지 큰 영향을 미칩니다. 아이들은 축구 지도자를 만나기 훨씬 전부터 부모님을 통해 축구를 잘할 수 있는 마음의 밭을 가꾸고 있는 셈입니다. 즉 부모님의 생활 방식 자체가 하나의 코칭이 되는 것입니다.

그에 반해 저처럼 비운동선수 출신 부모 밑에서 자란 자녀는 이를 하나하나 직접 부딪치고 체험하면서 깨달아야 합니다. 그래서 전문적으로 축구를 시킨 뒤 2~3년쯤 지나서야 "눈에 보이지 않는 차이가 존재한다"는 것을 부모가 체감하게 됩니다. 그리고 그때부터 발등에 불이 떨어진 듯 바쁘게 움직이기 시작하십니다. 저의 부모님도 그러셨고, 저를 거쳐 가신 많은 학부모님들도 그러셨습니다. 지금도 많은 학부모님들께서 초등학교 5~6학년에서 중학교 1~2학년 무렵 자녀의 부족한 부분을 채우기 위해 저를 찾아오십니다. 흥미로운 점은 부모님 중 한 분이라도 예체능 전공자이신 경우 보통 1~2년 정도 더 빠르게 현재 팀 이외의 다른 지도자에게 자녀를 맡긴다는 사실입니다. 그분들은 본능적으로 조금 더 일

찍 전문적인 교육을 받는 것이 중요하다는 것을 알고 계십니다.

그렇다면 세계 최고의 유소년 축구 시스템을 갖추고 있다고 평가받는 스페인과 우리나라를 비교해 보면 어떨까요? 한국의 인구는 약 5,100만 명, 스페인은 4,900만 명 정도입니다.(한국 인구 출처: KOSIS / 스페인 인구 출처: INE) 인구는 비슷하지만 유소년 축구 선수의 숫자와 시스템, 프로 선발 규모 등 축구 저변은 스페인이 압도적으로 앞서 있습니다. 이 차이는 어디에서 비롯된 걸까요? 프로 시장의 규모? 주말 리그 시스템? 지도자의 역량? 훈련 프로그램? 물론 모두 중요합니다. 하지만 수많은 차이점 중 하나를 꼽자면, 저는 '부모님의 역할'이 가장 본질적인 차이 중 하나라고 생각합니다. 물론 축구 환경이나 시스템, 지도자의 역량도 중요합니다. 하지만 결국 아이를 가장 먼저 만나고, 가장 오래 함께하는 존재는 부모님입니다. 축구에서 '퍼스트 터치(First touch)'가 기술적으로 가장 중요하다고 하듯이 한 아이가 처음 축구를 접하게 되는 퍼스트 터치는 바로 부모님으로부터 시작됩니다. 한국과 스페인의 축구를 모두 경험해 보며 제가 내린 결론은 분명합니다.

"부모의 노력과 아이의 실력은 비례합니다."

부모와 자녀가 함께 키워야 할 축구의 '또 다른 기본기'

03

저에게 축구를 배우기 위해 상담을 오시는 부모님들과 첫 상담을 진행할 때, 제가 가장 먼저 여쭙는 질문이 있습니다. "혹시 아버님이나 어머님께서 학창 시절 운동을 전문적으로 배워 보신 적이 있으신가요?" 이 질문은 단순히 유전적인 영향을 알고 싶어서 묻는 게 아닙니다. 그 가정의 문화와 분위기 그리고 자녀가 운동하는 것을 바라보는 시선의 출발점을 파악하기 위한 질문입니다. 운동을 조금이라도 경험해 보신 부모님이라면 제가 굳이 길게 설명하지 않아도 자녀가 무엇을 어떻게 얼마나 해야 하는지에 대해 이미 현실적인 감각을 갖고 계신 경우가 많았습니다.

반면 운동과 거리가 먼 부모님들과 상담할 때는 자녀가 '무엇을 해야 하는지'뿐만 아니라 '어떻게 해야 하는지', '얼마나 해야 하는지'에 대한 감각이 부족한 경우가 많았습니다. 그뿐만 아니라 이러한 부모님들은 팀의 경기 결과가 나쁘거나, 자녀의 플레이 내용이 좋지 못할 때 크게 불안해하거나 조급해하는 모습을 자주 보게 됩니다. 그런 부모의 모습을 곁에서 지켜보는 자녀 역시 자신도 모르게 감정의 기복이 커지고 경기력이 불안정해지다가 스스로 객관적으로 바라볼 수 있는 힘마저 잃어버리게 됩니다.

잘 아시겠지만 '메타인지'란 자기 자신을 객관적으로 바라보는 능력입니다. 자신이 알고 있는 것과 모르는 것을 구분하고, 또 부족한 점을 인식해서 개선 방향을 찾을 수 있는 능력을 말합니다.

축구는 팀 스포츠이기에 경기 결과는 '팀 단위'로 나옵니다. 이 때문에 자신의 플레이는 10점 만점에 5점이었지만, 팀이 이겼다는 이유로 자신의 플레이에 대한 피드백 없이 넘어가는 경우가 많습니다. 반대로 자신의 플레이는 10점 만점에 8점 이상이었지만, 팀이 졌다는 이유로 과하게 자책하는 경우도 있습니다. 저는 이런 혼란이 '풋볼 메타인지'의 부족 때문에 생긴다고 생각합니다. 제가 정리한 유소년 축구 선수의 '풋볼 메타인지'란 "유소년 축구 선수가 팀의 경기 결과와 상관없이 자신이 경기 중에 무엇을 알고 있고, 무엇을 모르는지 스스로 인식하는 능력입니다. 더불어 자신의 강점을 적극적으로 활용하고, 약점을 스스로 인지하고 보완하려는 자기 인식 능력이기도 합니다. 다시 말해 팀 내 구성원으로서 모든 경기와 훈련을 '나의 더 나은 경기력'을 위한 하나의 경험으로 받아들이는 태도"를 말합니다. 저는 이 '풋볼 메타인지'를 부모가 먼저 이해해야 하고, 이해를 넘어 삶 속에서 실천해 나갈 수

(위) 서울 이랜드 FC 선수 개인별 경기 분석 (아래) 주말리그 경기 후 선수단 경기 피드백

있어야 한다고 생각합니다. 그래야만 결과에 민감하게 반응하던 자녀도 자연스럽게 풋볼 메타인지의 감각과 태도를 키울 수 있습니다.

"감독님, 풋볼 메타인지는 부모가 아닌 축구 지도자가 키워 주어야 하는 것 아닌가요?" 부모 입장에서 충분히 나올 수 있는 질문입니다. 하지만 지도자 한 명이 10~15명의 선수를 동시에 교육해야 하는 구조 속에서 매 경기가 끝난 후 선수 한 명 한 명에게 '풋볼 메타인지' 교육을 하기란 현실적으로 어렵습니다. 게다가 한국 축구 문화는 여전히 결과 중심이어서 과정에 대한 피드백 자체가 많이 부족합니다.

스페인에서 축구 지도자 유학을 마치고 한국으로 돌아와 감사하게도 결과보다 과정을 더 중시하는 프로 유스 팀에서 일할 수 있었습니다. 덕분에 공식 경기가 끝난 뒤 선수 각자에게 개인별 경기 피드백을 제공할 수 있었고, 그 과정은 저와 선수들 그리고 선수의 부모님들께도 '풋볼 메타인지' 교육이 얼마나 중요한지 전해 드릴 수 있었던 소중한 경험이었습니다.

단순히 책을 읽는 것으로 끝나서는 안 됩니다. 책을 읽고 이해하는 데서 그친다면 아이의 성장도 거기서 멈출 수밖에 없습니다. 이제는 실천해야 할 때입니다. 1년은 총 52주로 이루어져 있습니다. 유소년 축구 선수라면 공식 경기든, 연습 경기든 최소 주 1회 이상 경기 경험을 쌓을 수 있습니다.

풋볼 메타인지의 실천 여부는 단순한 실력 차이를 넘어 압도적인 성장 격차로 이어질 수 있습니다. 그뿐만 아니라 저는 이것이 단지 경기력 차이에 그치지 않는다고 생각합니다. 아이의 태도, 시선 그리고 축구를 대하는 방식 자체가 달라질 것입니다.

마지막으로 일주일에 한 번, 자녀가 직접 뛴 경기를 바탕으로 실천할 수 있는 '풋볼 메타인지 3가지 실천법'을 소개합니다.

첫 번째. 부모와 자녀가 먼저 풋볼 메타인지를 이해하는 것부터 시작하세요.

풋볼 메타인지는 단순한 기술 교육이 아니라 자신을 돌아보는 시선에서 출발합니다. 부모와 자녀가 함께 메타인지의 개념을 이해하고 훈련과 경기를 바라보는 관점을 바꾸는 것이 첫걸음입니다.

두 번째. 경기 결과보다 '자녀의 플레이' 자체에 대한 이야기를 나눠 주세요.

이겼는지 졌는지가 중요한 게 아니라 어떤 장면에서 어떤 판단을 했고, 왜 그런 선택을 했는지 돌아보는 게 더 중요합니다. 경기 후 자녀의 플레이에 대해 대화를 나누는 것만으로도 자신의 플레이를 객관화하는 힘이 길러집니다.

세 번째. '잘한 점'과 '아쉬운 점'을 기록하면서 돌아보는 시간을 가져 주세요.

경기나 훈련이 끝난 후 자녀와 함께 '잘한 점 3가지'와 '아쉬운 점 3가지'를 적어 보세요. 이런 작은 습관이 쌓이면 자녀는 결과에 흔들리지 않고 스스로를 피드백할 줄 아는 선수로 성장합니다.

'풋볼 메타인지'라는 거창한 이름을 붙였지만, 사실 가장 중요한 것은 따로 있습니다.

일주일에 한 번, 늦어도 한 달에 한 번만이라도 부모와 자녀가 축구라는 매개체를 통해 소통하고, 서로의 마음을 이해하며, 작은 성장들을 쌓아 가는 그 과정 자체입니다.

프로 선수가 되어야 우리 아이가 '성공한 아이'일까요? 아닙니다. 아이는 존재 자체만으로 이미 소중한 '성공을 넘어선 완전한 아이'입니다. 그렇기에 우리는 결과보다 과정을 더욱 소중하게 바라보고, 그 길을 함께해야 합니다.

축구를 통해 아이가 성장해 나가고, 부모가 그 여정을 곁에서 지켜 줄 수 있다면 '프로 선수'라는 타이틀은 크게 의미가 없을 것입니다.

그 과정 자체에 이미 충분한 '행복'이 담겨 있기 때문입니다.

가벼운 마음으로 앞에서 소개해 드린 3가지 실천법을 시작해 보세요. 출발선에 부모가 함께 있어 줄 수 있다면 아이는 곧 혼자서도 성장할 줄 아는 '성숙한 사람'으로 자라날 것입니다

아버지께 배우고, 축구로 익힌 세 가지 습관

많은 유소년 축구 선수 부모님들과 상담하다 보면, 종종 이런 질문을 받습니다.

"감독님, 요즘 아이가 실력이 떨어지는 것 같아요. 나아질 수 있는 방법이 있을까요?"

그러면 저는 이렇게 묻습니다.

"혹시 요즘 아이의 개인 훈련 시간이 줄어들지는 않았나요?"

"맞아요. 학업도 병행해야 해서 팀 훈련만 열심히 참가하고 있습니다."

"하루 30분 정도 개인 훈련할 시간도 없을까요?"

"시간을 만들고 그 30분을 실천하는 게 생각보다 쉽지가 않네요."

"매일 하는 것 쉽지 않죠. 저도 그렇습니다. 주 4회만 하더라도 성공한 겁니다. 일단 '주 4회, 하루 30분 개인 훈련'을 목표로 자녀와 함께 일정을 계획해 보세요. 특히 새벽 개인 훈련을 적극 추천드립니다."

이처럼 제가 '새벽 개인 훈련'을 집착하다시피 말하는 데는 이유가 있습니다. 저는 초등학교 입학 때부터 아버지께 배운 것이 하나 있습니다.

"하루 중 가장 귀한 시간은 새벽이다."

어린 시절, 화장실에 가려고 졸린 눈을 비비며 거실로 나가면 아버지께서는 책상에 앉아 책을 읽고 계시거나 글을 쓰고 계셨습니다. 그리고 운동복으로 갈아입고 운동하러 나가셨습니다. 아직도 그때의 장면이 선명합니다. 이제 제가 그 당시 아버지의 나이가 되어 돌아보니, 아버지께서는 '독서'와 '글쓰기'로 생각을 정리하고, '운동'으로 몸을 단련하며 하루를 시작하셨다는 것을 알게 되었습니다. 저는 그저 옆에서 지켜보고 함께했을 뿐인데, 그 모습이 저에게 자연스럽게 배어들어 습관이 되었습니다.

하루를 독서와 글쓰기, 운동으로 시작하는 사람과 그렇지 않은 사람의 삶은 분명 다릅니다. 같은 24시간을 살아도 시간을 대하는 태도와 마음가짐, 그로부터 얻는 생산성은 전혀 다릅니다. 작은 습관이 하루를 바꾸고, 그 하루가 쌓여 결국 인생의 방향을 바꿉니다.

축구 선수 생활을 하기 전까지 저는 아버지의 새벽 습관을 그저 바라보기만 했습니다. 그러나 축구 선수 생활을 시작하면서부터는 아버지와 같은 시간에 일어나야 했습니다. 평소에는 합숙소에서 생활했지만, 주말에 집에 오면 새벽마다 아버지는 저를 깨우셨습니다. "세민아, 일어나라." 저는 더 자고 싶다고 투정을 부리고, 피곤하다며 엄살을 부리기도 했습니다. 심지어 멀쩡한 발목을 붙잡고 꾀병을 부린 적도 있었습니다. 가끔은 제 투정을 못 이기신 아버지께서 혼자 운동을 다녀오기도 하셨는데, 땀에 젖어 돌아오신 모습을 볼 때마다 마음 한편이 미어지며 죄송함이 몰려왔습니다. 축구를 시켜 주기만 하면 열심히 하겠다고 졸랐던 건 분명 저였습니다. 그런데 정작 아버지께서는 저보다 먼저, 더 열심히 노력하고 계셨습니다. 그 모습을 보며 감동했고, 억지로 끌려 나가던 시간이 점점 제 의지로 나서는 시간으로 바뀌게 되었습니다. 그렇게 저의 '새벽 기상 습관'은 조금씩 자리 잡기 시작했습니다.

훗날 제가 축구 지도자가 되어 엘리트 선수들에게 이론 수업을 준비하던 때였습니다. 어느 날, 중·고등학생 축구 선수들에게 성교육 강의를 준비하면서 남성 호르몬인 '테스토스테론'을 깊이 공부할 기회가 생겼습니다. 알면 알수록 신기했고, 대단하다는 생각까지 들었습니다. 그리고 그때 처음 깨달았습니다. 아버지에게서 배운 '새벽 기상 습관'이 무식하게 훈련하기 위함이 아니라 과학적으로도 증명된 최고의 습관이었다는 것을. 특히 운동 선수에게 있어서 이른 아침 시간대에 분비되는 테스토스테론은 '성취 욕구'를 일깨우고, '근육 생성'과 직결되기 때문에 같은 한 시간을 훈련하더라도 성과 면에서 큰 차이를 만들어 냈습니다. 저는 이 깨달음을 머릿속에만 두지 않고 제 일상의 루틴으로 만들었습니다.

05:00	기상 및 하루 일정 계획
06:00	독서
07:00	글쓰기
08:00	운동

수많은 시행착오 끝에 다듬어진 저만의 '새벽 루틴'입니다. 독서·글쓰기·운동을 각각 1시간씩 실천해 냈다면 그날은 저에게 '가장 완벽한 하루'가 되었습니다. 작은 습관 같아 보여도 이 루틴이 쌓여 지금의 저를 만들었고, 앞으로도 제 삶을 지탱할 가장 든든한 기반이 될 것입니다. 생각해 보면 제가 새벽에 일어나 책을 읽고, 글을 쓰고, 몸을 움직이는 모든 습관은 결국 아버지를 따라 시작된 여정이었습니다. 아버지께서 솔선수범으로 보여 주셨던 독서, 글쓰기, 운동은 자연스럽게 제 삶의 중심이 되었고, 11년간의 엘리트 축구 선수 생활은 그것을 저의 생활 습관으로 체화하는 시간이었습니다.

1. 운동하는 습관(축구)
2. 독서하는 습관(축구 서적)

3. 글쓰는 습관(훈련·경기 일지)

　이 세 가지 습관은 지금의 저를 만든 가장 큰 자산이며, 앞으로도 저에게 축구를 배우는 아이들에게 전해 주고 싶은 가장 귀한 선물입니다. 이 세 가지 습관은 저에게 '결과'보다 '과정'을 바라보는 힘을, 눈앞의 '나무'보다 '숲 전체'를 보는 시각을 길러 주었습니다. 눈앞의 나무, 즉 당장의 경기 결과만 바라본다면 나무 한 그루 한 그루에 마음이 흔들릴 수밖에 없습니다. 경기 결과라는 나무에만 매달리지 않고, 선수로서의 긴 여정이라는 숲을 바라보아야 합니다. 축구 선수로 살아가는 동안 '좋아하는 축구로 몸을 움직이는 운동 습관', '축구 책을 읽으며 사고를 키우는 독서 습관', '훈련과 경기를 돌아보며 생각을 정리하고 표현하는 글쓰기 습관.' 이 세 가지를 꾸준히 갖출 수 있다면 설령 프로축구 선수라는 '타이틀'을 얻지 못하더라도 그 여정은 충분히 성공적인 거라고 저는 믿습니다. 눈앞의 '나무'가 아니라 '숲 전체'를 보는 사람, 순간의 '쾌락'보다 절제가 포함된 '쾌감'을 선택할 줄 아는 사람으로 성장했기 때문입니다.

　아버지와 축구. 이 두 가지가 제 삶에 심어 준 씨앗은 자라나 한 그루의 나무가 되었고, 그 나무들이 모여 지금 이 책과 같은 작은 숲을 이루었습니다. 부디 이 책이 누군가에게 다시 한번 작은 씨앗이 되어, 이 책을 읽는 아이들과 부모님이 더 넓고 풍성한 숲을 가꾸어 가기를 기원합니다.

축구 선수가 가져야 할
멘탈 규칙 10가지

05

초등학교 2~3학년 이상의 엘리트 유소년 축구 선수들 마음 한편에는 늘 '두려움'이 숨어 있습니다. 스타팅 멤버에 이름을 올리지 못했을 때, 부상으로 팀 훈련에 참가하지 못했을 때, 경기 중 실수를 저질렀을 때 갖게 되는 두려움은 곧 중압감으로 변해 나 자신을 짓누르곤 합니다. 다 큰 성인도 이러한 '두려움'과 '중압감' 속에 놓이면 쉽게 흔들립니다. 하물며 아직 심리적으로 성숙하지 못한 유소년 선수들의 마음은 얼마나 더 크게 요동치고 흔들릴까요? 만약 유소년 시기에 이러한 두려움과 중압감을 이겨 낼 방법을 구체적으로 마련하지 못한다면, 똑같은 실수가 반복되면서 자신감이 무너질 것이고 결국 빠져나오기 힘든 '악순환'에 갇히게 되고 말 것입니다. 그렇기에 유소년 축구 선수에게는 어떠한 상황에서도 자신만의 페이스를 되찾고, 다시 과녁을 조준하며 기본으로 돌아올 수 있는 '중심축'이 필요합니다. 저는 이 중심축을 '축구 선수 멘탈 규칙'이라 정의하고, 교육 현장에서 선수들에게 반복적으로 강조하고 있습니다.

사실 이 멘탈 규칙은 교육을 하기 이전에 저 스스로에게 먼저 필요했습니다. 7년간 몸담았던 프로 유스 팀 직장 생활을 정리하고, 제가 진정으로 하고 싶었던 축구 교육을 하기 위해 제 이름을 걸고 사업을 시작했는데, 마침 그 시기는 코로나 바이러스가 한창일 때였습니다. 미래가 어떻게 변할지 그 누구도 예측할 수 없는 불확실한 상황 속에서 저는 제 인생에서 가장 큰 도전에 직면해 있었습니다. 안정된 직장을 내려 놓았다는 두려움, 새로운 길에서 실패할지도 모른다는 중압감이 매일 저를 흔들었습니다. 그때 저를 붙잡아 준 것이 바로 '멘탈 규칙'이었습니다. 저는 이 멘탈 규칙의 효과가 극적이라 말할 수 있을 정도로 크다는 것을 제 삶을 통해 실제 경험했습니다. 좋아하는 것을 나누고 싶다는 마음이 생겨서일까요, 자연스럽게 저에게 축구를 배우는 선수들에게도 이 규칙들을 정리해 교육하고 있습니다.

매년 연초에 세운 목표들이 시간이 지나며 흐릿해지는 경험은 누구에게나 있습니다. 저 또한 예외가 아니었습니다. 그러나 매일 아침, 나만의 멘탈 규칙을 읽고, 쓰고, 그 규칙을 바탕으로 상상의 나래를 펼쳤던 일련의 행동들은 결국 제가 가고자 하는 목적지로 안내해 주는 '내비게이션'이 되었습니다.

제가 가르치고 있는 〈축구 선수 멘탈 규칙 10가지〉는 다음과 같습니다.

축구 선수 멘탈 규칙 10가지

1. 나는 주도적이고 능동적인 축구를 한다.
2. 나는 실수를 성장의 도구로 삼는다.
3. 나는 1 대 1 상황에서 반드시 이긴다.
4. 나는 상대, 공간, 시간의 압박 속에서도 나의 플레이를 펼친다.
5. 나는 끊임없이 주변을 스캔하여 정보를 수집한다.
6. 나는 경기 내내 팀 동료와의 의사소통을 주도한다.
7. 나는 훈련은 경기처럼, 경기는 훈련처럼 임한다.
8. 나는 공격 시 빈 공간으로 움직이고, 수비 시 커버 플레이를 수행한다.
9. 나는 볼을 뺏는 순간 5초, 볼을 빼앗기는 순간 5초 동안 누구보다 먼저 반응한다.
10. 나는 일상의 습관이 곧 나의 경기력을 만든다는 것을 알고 있다.

같은 레벨의 유소년 선수라 할지라도 매일 아침 〈축구 선수 멘탈 규칙 10가지〉를 읽고, 쓰고, 경기 상황을 구체적으로 상상하는 선수와 그렇지 않은 선수의 경기력은 시간이 갈수록 분명하게 차이가 날 수밖에 없습니다. 그 이유는 이러한 습관이 우리의 행동

전반을 지배하는 '무의식'을 바꿔 놓기 때문입니다.

앞에 말씀드렸던 것처럼, 제가 선수들에게 가르치고 있는 〈축구 선수 멘탈 규칙 10가지〉는 사실 〈조세민의 멘탈 규칙 10가지〉에서 비롯되었습니다. 그중 몇 가지를 소개하면 다음과 같습니다.

조세민의 멘탈 규칙 일부

1. 나는 논 제로섬 게임을 즐기며, 욕망을 절제하고 내면이 정렬된 삶을 살아간다.
2. 나는 나만의 미션인 독서, 운동, 글쓰기를 삶의 최우선에 두고 매일 완수하며 살아간다.
3. 나는 매일 더 나은 축구 교육자가 되어 교육생들의 성장을 이끌어 낸다.
4. 나는 배의 선장이다. 내가 흔들리면 선원 전체가 흔들린다.
5. 나는 쾌락이 아닌 쾌감을 느끼며, 내면의 깨달음 속 평안과 행복을 느끼며 살아간다.

10대 때는 프로축구 선수를 꿈꾸며 최선을 다해 축구를 배웠습니다. 20대 때는 군 복무를 마치고 곧바로 스페인으로 유학을 떠나, 새로운 축구 철학과 문화를 배우는 데 몰두했습니다. 30대 때는 한국 유소년 축구 현장에서 제 축구 철학을 다듬으면서 아이들에게 축구를 가르치고 있습니다. 이제 곧 40대가 됩니다. 앞으로 제 40대는 어떤 문장으로 남게 될지 저 역시 기대됩니다. 아마도 이번에 소개한 '멘탈 규칙'이 그 중심에 있을 것 같습니다. 저를 붙잡아 준 이 멘탈 규칙이 아이들의 축구 인생에도 든든한 버팀목이 되기를 바랍니다.

그리고 여기서 한 걸음 더 나아가, 제가 정리한 〈축구 선수 멘탈 규칙 10가지〉를 참고해 여러분만의 목표, 포지션, 플레이 스타일에 맞춘 '나만의 멘탈 규칙 10가지'를 꼭 만들어 보시길 권합니다. 짧은 몇 줄의 글일지라도 그 규칙은 당신이 흔들릴 때마다 붙잡아 줄 '중심축'이 될 것이고, 당신의 플레이와 인생을 끝까지 지켜 주는 든든한 나침반이 될 것입니다.

CHAPTER 02

축구의 기본기 강의

축구의 기본기란 무엇인가?

06

자녀가 축구 선수의 꿈을 이루기 위해 축구계에 첫발을 내딛게 되면 학부모님 또한 덩달아 축구계에 발을 내딛게 됩니다. 그러면서 감독님, 코치님 그리고 동료 학부모님들과 대화하면서 한 가지 깨닫게 되는 것이 있습니다. "축구를 잘하기 위해서는 기본기가 가장 중요하구나. 이 기본기를 중점적으로 키울 수 있도록 옆에서 도와주어야겠다." 저는 이런 깨달음에 한 가지 되묻고 싶은 것이 있습니다. "학부모님께서 생각하시는 축구의 기본기는 무엇일까요?"

흥미로운 사실 하나를 덧붙이자면, 대한축구협회는 물론 국제축구연맹(FIFA)조차도 "축구의 기본기는 이것이다"라고 명확히 정의해 놓고 있지 않습니다. '기본기'라는 단어는 누구나 사용하지만, 그 의미를 구체적으로 설명하는 사람은 많지 않습니다. 어떤 지도자는 드리블, 패스, 슈팅 같은 동작 중심으로 정의하고, 어떤 지도자는 체력과 멘탈까지 포함해서 말합니다.

이처럼 '축구의 기본기'는 누구나 중요하다고 말하지만, 정작 그 의미는 각자 다르게 해석되고 있습니다. 그래서 공부하면 할수록 가르치면 가르칠수록 "축구는 정말 어렵다"라는 생각을 하게 됩니다. 저 또한 지금 이 순간에도 '축구의 기본기'란 무엇이고, 어떻게 정의할 수 있을지를 끊임없이 고민하고 있습니다. 이 장에서는 제가 한국과 스페인 양국에서 선수와 지도자로서 경험하고 공부하면서 정리한 '축구의 기본기'에 대한 제 생각을 공유하고자 합니다.

축구는 크게 보면 기술, 전술, 체력, 심리라는 네 가지 요소로 구성되어 있습니다. 이는 우리나라뿐만 아니라 유럽과 같은 축구 선진국에서도 공통적으로 받아들이고 있는 구조입니다. 이 네 가지 요소를 어떤 식으로 훈련하고, 어떻게 연결 짓느냐에 따라 선수의 성장 방향과 결과는 크게 달라질 수 있습니다. 우리나라의 경우 기술, 전술, 체력, 심리를 각각 따로 나누어 개별적으로 접근하는 '분석적 훈련(Ejercicio analítico)' 방식이 여전히 중심을 이루고 있습니다. 기술을 익히기 위해서는 기술 훈련만, 전술 이해도를 높이기 위해서는 전술 훈련만, 체력을 향상시키기 위해선 체력 훈련만 따로 떼어 반복하는 방식입니다. 일각에서는 이러한 훈련 방식을 '전통적 훈련'이라 부르기도 합니다. 전통적 훈련 방식은 체계적이고 단순 명료해 보일 수 있습니다. 하지만 실제 경기 상황에서 마주하게 되는 축구의 복합성과 변동성 그리고 즉흥성을 반영하기에는 분명한 한계가 있습니다.

반면 유럽, 특히 포르투갈과 스페인에서는 오래전부터 이 네 가지 요소를 통합적으로 훈련하는 방식, 즉 '통합적 훈련(Ejercicio global)'을 중심으로 하는 훈련 방법론을 적용해 왔습니다. 대표적인 예가 스몰 사이드 게임(SSG)입니다. 선수는 1 대 1, 2 대 2, 3 대 3 등 실제 경기 상황에 가까운 소규모 팀을 이뤄 기술, 전술, 체력, 심리를 동시에 활용하며 스스로 상황을 해결해 나가야 합니다. 이 과정은 단순한 동작의 반복이 아니라 '선택'과 '판단', 다시 말해 생각하는 훈련으로 이어집니다. 물론 연령대와 수준이 높아질수록 훈련 구조도 확장됩니다. 스몰 사이드 게임(SSG, 1v1~4v4)에서 시작해, 미디엄 사이드 게임(MSG, 5v5~7v7) 그리고 빅 사이드 게임(BSG, 8v8~11v11)으로 점차 범위를 넓혀 가는 방식입니다. 이는 단순히 숫자만 늘어나는 것이 아니라 경기에서 벌어지는 복합성과 상황 인지의 폭까지 함께 넓어지는 과정이기도 합니다.

오른쪽 표는 저의 첫 번째 책인《그들은 왜 이기는 법을 가르치지 않는가》에서 정리해 놓은 분석적 훈련과 통합적 훈련 분류표입니다.

분석적 훈련과 통합적 훈련, 두 방식 모두 유소년 축구 교육에 꼭 필요한 훈련 방법론입니다. 하지만 통합적 훈련에는 있고 분석적 훈련에는 없는 한 가지가 있습니다. 바로 '축구 지능(La

분석적 훈련과 통합적 훈련의 차이

	분석적 훈련	통합적 훈련
특징	• 경기 중에 나타나는 몇몇 축구 요소들(볼, 동료, 상대, 공간, 점수 등)이 배제된, 볼과 관련된 하나의 '액션(Acción)'만을 향상시키는 훈련. • 지도자가 선수들에게 직접적으로 하나의 액션에 대한 지시를 내리는 방식으로 훈련 진행.	• 경기 중에 나타나는 수많은 축구 요소들(볼, 동료, 상대, 공간, 점수 등)이 포함된 '상황 해결 능력'을 향상시키는 훈련. • 선수들이 스스로 어떠한 상황을 직접 경험하고 판단할 수 있는 '환경'을 제공하는 방식으로 훈련 진행.
장점	• 정해진 액션을 구체적이고 세세한 방식으로 지도 가능. • 많은 반복 횟수를 바탕으로 기술적 능력을 보다 빠르고 정확하게 습득 가능.	• 축구를 구성하고 있는 네 가지 요소를 통합적으로 지도 가능. (기술, 전술, 체력, 심리) • 네 가지 요소를 전체적으로 향상시켰을 경우 개인뿐만 아니라 팀 전체의 경기력 향상에 효과적.
단점	• 몇몇 축구 요소가 배제된 상태에서 훈련이 진행되므로 장기적으로 봤을 경우 비효율적.	• 단기적으로 눈에 보이는 효과는 미비.
동기부여	• '반복 횟수'에 기반을 둔 훈련 방법이므로 선수들이 지루해할 가능성 다분.	• 선수들이 스스로 내적 동기를 품고서 훈련에 참가. 매 순간 각기 다른 상황을 긴장된 상태에서 마주하게 되므로 집중 시간 증가.
효과	• 상황 인지 능력 ★☆☆ 낮음: 동료, 상대, 공간 등이 배제된 훈련이므로 상황을 인지하는데 어려움. • 상황 판단 능력 ★☆☆ 낮음: 실행하기 전부터 자신이 어떠한 액션을 취할 것인지 미리 알고 있으므로 상황 판단이 불필요. • 기술 능력 ★★★ 높음: 많은 횟수를 기록하고 반복적으로 실행하는 훈련이므로 개인 기술 능력 향상에 탁월.	• 상황 인지 능력 ★★★ 높음: 훈련 중이라도 예측이 불가능한 여러 상황을 마주하게 되고 각 상황을 분석하기 위해 노력. • 상황 판단 능력 ★★★ 높음: 볼, 동료, 상대의 움직임에 따라 마주하는 상황이 매 순간 달라지므로 선수들은 각 상황을 매번 새롭게 분석하고 판단해야 함. • 기술 능력 ★★☆ 보통: 실제 경기와 비슷한 조건에서 기술 능력 향상.

inteligencia en el fútbol)'입니다. 분석적 훈련은 주어진 틀 안에서 동작을 익히는 데 집중하지만, 통합적 훈련은 매 순간 경기를 읽고, 상상하고, 판단하는 사고 능력을 기를 수 있습니다.

제가 스페인에서 지도자 연수를 받을 때, 가장 인상 깊었던 문장이 있습니다.

"축구 지능은 매 순간 생각하고 상상하면서 축구를 하는 것이다. 생각 없이 축구하는 건 마치 골대의 위치를 모른 채 슈팅하는 것과 같다."

이 한 문장 안에 제가 오랜 시간 동안 느껴 왔던 문제의 본질과 그에 대한 답이 숨어 있었습니다. '축구 지능'은 이제 현대 축구의 중심 키워드로 자리 잡았습니다.

축구를 구성하는 핵심 요소는 일반적으로 기술, 전술, 체력, 심리의 네 가지로 구분되지만, 저는 이 네 가지에 하나를 더해 '축구 지능(Football Intelligence)'까지 포함한 다섯 가지 요소로 축구를 바라보고 있습니다. 많은 사람들이 기본기는 곧 기술(skill)이라고 이해하지만 저는 기본기를 단순한 동작 수행 능력으로만 보지 않습니다. 기본기는 기술을 경기 중에 제대로 사용할 수 있는 '사고력'까지 포함한 개념입니다. 즉 '기술(기능) + 사고(이해력) = 진짜 기본기'입니다. 이처럼 기본기는 단순한 기능적 훈련을 넘어 '어떻게 축구를 해석하고 실행할 것인가'에 대한 깊은 이해가 필요합니다.

제가 정의하는 축구의 기본기는 크게 두 영역으로 나뉩니다.

첫째는 축구의 기본 기술이고 둘째는 상황 해결 능력입니다. 이 두 영역은 연령, 포지션, 팀 스타일과 관계없이 모든 축구 선수에게 적용될 수 있는 개인 중심의 기본 역량입니다.

1. 축구의 기본 기술

이 영역에는 선수가 직접 몸으로 수행해야 할 핵심 기술들이 포함되어 있습니다. 드리블, 볼 컨트롤, 패스, 슈팅과 같은 기본 기술이 대표적이고, 이 모든 기술의 바탕에는 '볼 터치 → 볼 감각'이라는 개념이 깔려 있습니다. 기술의 정확성은 감각에서 시작됩니다. 감각 없는 기술은 마치 눈을 감고 그림을 그리는 것과 같기 때문입니다.

2. 상황 해결 능력

기술을 언제, 어디서, 왜 써야 하는지 판단하고 실행하는 능력이 바로 상황 해결 능력입니다. 이 능력은 단순한 신체 훈련만으로는 길러질 수 없습니다. 축구적 사고와 전술 이해도, 상황 판단, 압박 저항력, 도전 정신, 경기 경험 등이 총합된 능력입니다. 이 능력은 다음 세 가지 하위 요소로 구성됩니다.

1) 상황 인지 능력
2) 압박 저항력
3) 경기 경험

이러한 상황 해결 능력의 바탕에는 '축구 지능'이라는 개념이 자리하고 있습니다. 축구 지능은 단순히 기술을 숙련해서 얻어지는 능력이 아니라 경기를 이해하고 해석해서 판단을 내리는 인지적 능력을 의미합니다. 저는 이 축구 지능을 다음 세 가지 요소로 정리하고 있습니다.

축구 지능 구성 요소

1) 전술적 통찰력

단순히 전술을 암기하는 것이 아니라 "지금 이 흐름에서 어떤 선택이 가장 나은가"를 판단할 수 있는 능력입니다. 팀의 움직임, 공간의 변화, 시간의 흐름 등을 종합적으로 해석하는 힘을 의미합니다.

2) 상상 기반의 예측력

한발 앞을 보는 능력입니다. "이 패스를 하면 상대는 어떻게 반응할까?"를 미리 상상하고 판단하는 능력으로, 단순한 시야 확보를 넘어 머릿속에서 경기를 시뮬레이션하는 힘입니다.

3) 의사결정 자율성

코치의 지시 없이도 스스로 상황을 판단하고 선택하며, 그 결정에 책임지는 능력입니다. 특히 압박을 받는 상황에서도 "내가 무엇을 하겠다"는 주체적 선택 능력과 그 선택을 끝까지 실행하는 심리적 강인함까지 포함합니다.

이 세 가지 축은 결정적인 순간에 특별한 기술이나 뛰어난 피지컬보다 더 큰 영향력을 발휘하며, 현대 축구에서는 이러한 축구 지능이 기본 기술 못지않게 중요한 경쟁력으로 여겨지고 있습니다.

다시 본론으로 돌아와, 저는 '축구의 기본기'를 정의할 때 외부 환경에 크게 영향을 받는 '전술'과 '체력'은 의도적으로 제외했습니다. 전술은 소속 팀의 스타일, 감독의 성향, 동료와 상대의 수준에 따라 달라지는 요소이며, 체력은 연령, 체형, 성장 환경, 유전적 요인에 따라 편차가 큰 영역입니다. 따라서 이 장에서는 '선수 스스로 다듬고 성장시킬 수 있는 부분', 다시 말해 자기 주도적인 훈련을 통해 기를 수 있는 '개인의 축구 실력'에 집중하고자 합니다.

지금 축구를 배우고 있는 초등학생, 중학생 시기는 팀의 승패보다 개인의 성장이 더 중요한 시기입니다. 이 시기에는 단순히 '이기기 위한 축구'보다 '나는 어떤 축구를 할 수 있으며, 어떻게 더 잘할 수 있는가'를 체계적으로 정리하고 경험하는 것이 훨씬 더 중요합니다.

프로 선수는 하루아침에 만들어지지 않습니다. 또한 기본기를 갖춘 선수는 결코 쉽게 무너지지 않습니다. 이 책에서는 다음 여덟 가지 항목을 중심으로 축구의 기본기를 자세히 다루고자 합니다.

① 볼 감각
② 드리블
③ 볼 컨트롤
④ 패스
⑤ 슈팅
⑥ 상황 인지 능력
⑦ 압박 저항력
⑧ 경기 경험

이 여덟 가지는 단순한 기술의 나열이 아니라, 경기장에서 끝까지 살아남는 선수가 결정적인 순간에 차이를 만들어 내는 생존 무기입니다. 기본기를 안다는 것은 '축구를 할 수 있다'는 수준을 넘어, 축구를 이해하고 해석하며, 상황에 맞게 자신의 플레이를 정확하게 실행할 수 있는 힘을 갖는다는 의미입니다. 기본을 아는 선수는 흔들리지 않습니다. 그리고 기본 위에 쌓인 성장은 결코 쉽게 무너지지 않습니다. 이제 '축구의 기본기'를 구성하는 각 항목들을 하나씩 살펴보겠습니다.

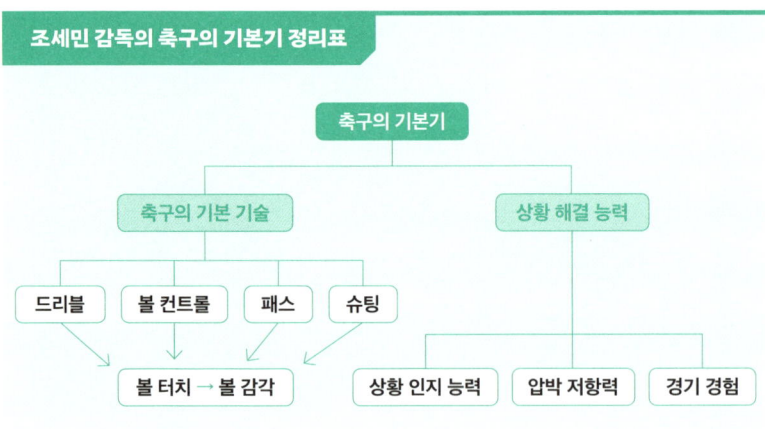

축구의 기본 기술

07

 한국에서 축구를 배우고 있는 유소년 선수 10명에게 "축구의 기본기가 뭐라고 생각하니?"라고 물어보면 대부분 이렇게 대답합니다. "볼 컨트롤이요." "드리블이요." "패스요." 정답입니다. 그리고 동시에 조금 아쉬운 대답이기도 합니다. 이 네 가지는 분명 축구의 기본기 안에 포함됩니다. 하지만 이 네 가지 기술만으로 축구를 설명하기에는 생각보다 훨씬 복잡하고 변수가 많아 부족한 면이 있습니다. 그래서 저는 이 네 가지를 '축구의 기본기' 중 기술적인 요소, 즉 '축구의 기본 기술'이라고 구분해서 설명합니다.

 드리블, 볼 컨트롤, 패스, 슈팅. '축구의 기본 기술'이라 불리는 이 네 가지를 잘게 쪼개다 보면 결국 하나의 가장 작은 원소만 남게 됩니다. 그것이 바로 '볼 터치'입니다. 저는 이 '볼 터치'를 '볼 감각'이라는 말로도 표현합니다. 그리고 이 볼 터치는 어떠한 목적을 가지고 수행하느냐에 따라 앞서 소개한 드리블, 볼 컨트롤, 패스, 슈팅 중 하나의 이름이 붙게 됩니다. 제가 네 가지 질문을 드려 보겠습니다.

첫 번째. 한 번의 '볼 터치'만으로 우리 팀 동료에게 볼을 보내는 기술은?

두 번째. 한 번의 '볼 터치'만으로 나에게 오는 볼을 내가 원하는 위치에 정지시키거나 이동시키는 기술은?

세 번째. 한 번의 '볼 터치'만으로 골대의 빈 공간을 향해 볼을 보내는 기술은?

네 번째. 여러 번의 '볼 터치'를 통해 원하는 방향으로 이동하는 기술은?

조금 시간이 필요할 수도 있지만, 질문을 천천히 읽어 보면 각 질문이 어떤 기술을 말하고 있는지 어렵지 않게 떠오를 것입니다. 그리고 이 네 가지 질문 안에는 한 가지 공통점이 있다는 것도 알게 될 것입니다. 바로 '볼 터치'라는 단어가 모든 질문에 들어가 있다는 점입니다. 정리하자면 축구의 모든 기본 기술은 '볼 터치'에서 시작됩니다. 그리고 이 볼 터치가 어떤 목적을 갖느냐에 따라 드리블, 볼 컨트롤, 패스, 슈팅이라는 이름으로 나뉩니다. 결국 축구의 기본 기술에서 가장 핵심이 되는 것은 바로 '볼 감각'이라 할 수 있습니다. 이 볼 감각이 잘 갖춰져 있어야, 드리블이나 패스 같은 기본 기술을 더 쉽고 빠르게 익힐 수 있습니다. 그뿐만 아니라, 다음 장에서 다룰 '상황 해결 능력'도 보다 효과적으로 배워 나갈 수 있습니다.

이와 같은 원리를 배우다 보면 손흥민 선수의 아버지 손웅정 감독의 교육 철학도 이해할 수 있을 것입니다. 손웅정 감독은 손흥민 선수가 경기 중 사용하는 모든 신체 부위의 볼 감각을 최대한 끌어올리는 것을 목표로 삼았습니다. 그리고 이 '볼 감각'이야말로 축구의 기본기라고 말했습니다. 그는 자신의 저서 《모든 것은 기본에서 시작한다》에서 이렇게 설명합니다.

"불 꺼진 방 안에서 밥숟가락이 입으로 들어가는 경지. 그런 경지에 이르러서야 축구 선수는 볼을 좀 다룬다고 말할 수 있을 것이다."

저는 이 내용을 읽으며 깊이 공감했습니다. 그리고 동시에, 제가 왜 '볼 감각'을 강조해 왔는지도 다시 한번 확인할 수 있었습니다. 볼 감각은 기술의 기초 체력입니다. 볼 감각이 좋아야 기술을 습득하는 속도가 빨라지고 낯선 상황에서 실수도 줄어듭니다. 하지만 여기서 한 가지 짚고 넘어가야 할 부분이 있습니다. 저는 손웅정 감독이 말하는 '축구의 기본기'는 분명히 옳다고 생각합니다. 하지만 저는 그것이 기본기의 전부는 아니라고 생각합니다. 그가 말한 '볼을 잘 다루는 능력'은 제가 정의한 첫 번째 축인 '축구의 기본 기술'에 해당합니다. 그렇지만 그가 정의한 축구의 기본기에는 기술만으로 설명될 수 없는, 수많은 변수와 상황이 배제되어 있습니다. 기술은 '상황 인지'와 더불어 '경기 맥락'에 맞춰 사용될 때 비로소 완성됩니다.

제가 유소년 축구 선수로 뛰던 시절, 저는 기술만 반복 훈련하면 자동적으로 경기력이 좋아질 거라 믿었습니다. 볼을 100번, 200번, 500번씩 터치하면 어느 순간 축구를 잘하게 될 거라 생각했습니다. 하지만 초등학교를 졸업하고 중학교를 거쳐 고등학교에 진학하면서, 경기가 더 빨라지고 흐름은 한층 더 복잡해졌습니다. 과거에 단순 반복으로 익혔던 기술만으로는 도저히 해결할 수 없는 상황이 눈앞에 자주 펼쳐졌습니다. 그럴수록 저는 점점 머뭇거리게 되었고, 그 머뭇거림은 곧 실수로 이어졌습니다. 그러다가 처음으로 깨달았습니다. "내 앞에 넘을 수 없는 유리 천장이라는 게 존재하는구나." 좋은 기술이란, 그 자체로 예쁘고 화려한 것이 아니라 필요한 순간에 정확히 사용될 수 있는 기술입니다. 예를 들어 패스를 더 잘하려면 단순히 '어떻게 볼을 찰 것인가'만 고민하면 안 됩니다. 조금 더 드리블한 후 패스할 것인지, 곧바로 패스할 것인지, 누구에게 패스할 것인지, 어떤 속도, 어떤 방향, 어떤 구질로 패스할 것인지 등 패스 하나를 할 때도 수많은 판단을 한 뒤 실행에 옮겨야 합니다. 이러한 판단을 잘 내리기 위해서는 단순 반복 훈련만으로는 충분하지 않습니다. 그 기술이 상황과 맥락 속에서 왜 필요한지, 직접 경험하고 끊임없이 고민해 보는 과정이 필요합니다. 하지만 안타깝게도 이러한 과정을 거치지 않고 축구를 배우는 한국의 유소년 선수들이 아직도 많습니다. 하나의 기술이 진짜 힘을 발휘하기 위해서는 단순한 동작 이상의 능력이 필요합니다. 그것이 바로 '상황 해결 능력'입니다. 즉 압박 속에서도 상황을 이해하고, 상대가 예측하지 못한 타이밍에 정확한 기술을 선택하고 수행할 수 있는 능력입니다. 유럽의 유소년 선수들이 어려서부터 훈련하는 이 능력은, 그저 기술 훈련만 반복해서는 절대 얻을 수 없습니다. 제가 스페인 유소년 훈련 현장에서 경험한 바로는 훈련 중 수십 번, 아니 수백 번의 선택과 판단을 내리는 연습을 선수 스스로 할 수 있어야 비로소 '상황 해결 능력'을 얻을 수 있었습니다.

다음 장에서는 제가 생각하는 '축구의 기본기'의 두 번째 축인 상황 해결 능력에 대해 이야기해 보려 합니다.

"마치 로봇처럼 똑같은 동작을 반복하는 훈련만으로는 결코 넘을 수 없었던 그 유리 천장, 그것을 깨뜨릴 수 있는 열쇠가 바로 '상황 해결 능력'입니다."

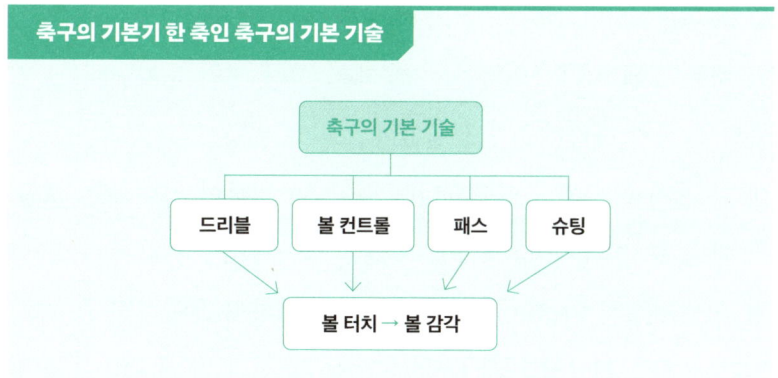

상황 해결 능력

08

 자, 이제 '06. 축구의 기본기란 무엇인가?'에서 말씀드린 축구의 기본기 두 번째 축인 상황 해결 능력에 대해 본격적으로 이야기해 보겠습니다. 많은 분들이 "축구에서는 기본기가 가장 중요하다"고 말합니다. 하지만 막상 "기본기가 무엇인가요?"라고 물으면 그 답은 천차만별입니다. 기술? 체력? 멘탈? 다 중요한 요소이지만, 그 중 하나만으로는 절대 '기본기'라고 말할 수 없습니다.

 저는 오랜 시간 선수이자 지도자로 현장 경험을 하면서 이 질문의 본질에 다가가고자 끊임없이 고민해 왔습니다. 그러다 마침내 한 가지 결론에 도달했습니다. 물론 이 결론이 절대적인 '정답'은 아닐 수 있습니다. 하지만 10살에 축구를 시작해, 선수, 유학생, 지도자로서 약 30년 가까이 축구만을 바라보며 살아 온 제가 2025년 지금 이 시점에서 내릴 수 있는 '최선의 답'인 것만은 분명합니다. 제가 정의하는 '축구의 기본기'는 다음 한 문장으로 요약됩니다.

> **"축구의 기본기 = 축구의 기본 기술 + 상황 해결 능력"**

이 도식은 단순한 개념 정리가 아닙니다. 경기장에서 선수가 실수를 줄이고, 기회를 만들며, 결정적인 순간에 창의적인 플레이를 펼칠 수 있는 힘은 바로 이 두 축에서 비롯되기 때문입니다.

'기술'은 눈에 보이는 영역입니다. 하지만 '상황 해결 능력'은 눈에 보이지 않는 내면의 기술로 인지력, 판단력, 전술 이해력 등 복합적인 사고 능력을 포함합니다. 저는 이 두 축이 균형을 이룰 때, 그것이야말로 진정한 '기본기'라고 생각합니다. 그리고 그 기본기가 성장한다는 것은 곧 축구 실력의 향상을 의미합니다.

운전과 축구의 공통점

자동차 도로 운전을 예시로 설명드리고자 합니다. 운전을 할 때, 핸들링이나 브레이크 조작처럼 기술적인 부분도 중요하지만 그에 못지않게 도로 상황을 읽는 눈과 흐름을 파악하는 감각 그리고 빠른 판단력 또한 중요합니다. 축구도 마찬가지입니다. 축구 기술이 '엑셀, 브레이크, 핸들링'이라면, 상황 해결 능력은 '도로 위 상황을 읽는 힘'입니다. 이 두 능력이 함께 작동할 때, 비로소 경기장 안에서 여유 있는 플레이와 창의적인 플레이가 가능해집니다. 그뿐만 아닙니다. 운전할 때 우리는 앞만 보고 가지 않습니다. 전방뿐만 아니라 백미러와 사이드미러를 수시로 확인하며 360도 시야를 확보합니다. 축구도 마찬가지입니다. 볼만 보며 플레이해서는 안 됩니다. 앞, 뒤, 좌, 우 등 경기장 안 모든 방향의 정보를 인지하며 움직여야 합니다. 그런데 기술을 향상시키겠다는 이유로 볼만 보고 훈련하는 습관이 굳어지면 오히려 경기 흐름을 읽지 못하는 '반쪽짜리 선수'로 전락할 수 있습니다. 저는 이 현상을 '반복 훈련의 배신'이라고 부릅니다. 익숙함 속에 감춰진 함정인 것입니다. 반복 훈련은 기술을 다듬어 주지만, 무분별한 반복 훈련은 선수의 시야와 사고를 좁히기 시작합니다. 이럴 경우, 오히려 경기력은 떨어지기 시작합니다.

반복 훈련만으로는 부족한 이유

한국 유소년 축구는 오랫동안 '모방 중심 훈련'이 중심이었습니다. 지도자가 훈련할 기술을 정하고 시범을 보이면 선수는 그대로 따라 하며 기술을 익혔습니다.

"이렇게 하면 잘돼."

"요즘 이 기술이 잘 통한다더라."

이런 방식은 짧은 시간 안에 특정 기술을 흉내 내게 만드는 데는 효과적일 수 있습니다. 그러나 문제는 그 기술이 왜 필요한지, 언제 사용해야 하는지, 어떤 맥락에서 판단해야 하는지에 대한 사고 과정을 생략한다는 데 있습니다. 즉 눈에 보이는 기술은 남지만 눈에 보이지 않는 사고력은 자라지 않는 훈련이 지속되는 것입니다. 축구는 몇 가지 상황만 정해 놓고 반복한다고 해서 대비할 수 있는 단순한 스포츠가 아닙니다. 수백, 수천 가지의 변수가 실시간으로 얽히는 종합적인 게임입니다. 일부 상황은 예측하고 준비할 수 있지만 모든 상황을 반복 훈련으로 대비하는 것은 불가능에 가깝습니다.

예측 불가능한 상황, 어떻게 반응할 것인가?

문제는 바로 여기서 시작됩니다. 예측하지 못한 상황과 마주했을 때 선수는 순간적으로 당황하거나 멈칫하게 되고, 이로 인해 결정적인 실수가 나올 수 있습니다. 그래서 저는 오히려 '예측할 수 없는 상황'과 자주 마주해 보는 경험이 더 중요하다고 생각합니다. 낯선 상황을 접할수록 선수는 점점 더 빠르게 인지하고, 유연하게 판단하며, 자신만의 해법을 찾아 낼 수 있게 됩니다. 결국 반복 훈련만으로는 완성되지 않는 것이 '축구 지능'이고, 그 지능은 다양한 상황 변화 속에서 훈련할 때 비로소 성장합니다.

그래서 제게 축구를 배우는 친구들은 '반복 훈련의 배신'에 빠지지 않도록, 매 훈련마다 새로운 프로그램을 통해 새로운 상황과 마주할 수 있는 환경을 준비하고 있습니다.

참고로 손흥민 선수의 아버지 손웅정 감독 역시, 동일한 볼 리프팅을 가르칠 때도 똑같은 동작만 반복하지 않습니다. 제가 직접 훈련장을 방문해 정리한 볼 리프팅 방법만 해도 무려 27가지가 넘었습니다. 아이를 성장시키기에는 단순한 동작 반복만으로는 분명한 한계가 있습니다. 그렇기에 다양한 자극을 경험하며 내성을 키우는 과정이 반드시 필요합니다.

축구 지능의 기회비용

훈련의 사고 과정을 생략하게 되면 단기적인 기술 습득은 빨라질 수 있습니다. 하지만 그렇게 해서 얻는 성과는 결국 '기술 흉내'에 머물 가능성이 높습니다. 문제는 '기술 흉내 내기' 시간이 길어지면 길어질수록, 축구 지능을 키울 수 있는 결정적 시기, 즉 '골든에이지'를 놓치게 된다는 점입니다. 저는 이 손실을 '축구 지능의 기회비용'이라고 부르고 싶습니다. 눈앞의 기술 성과에 집중한 결과 더 본질적인 인지력과 판단력을 기를 기회를 의도치 않게 놓치는 것입니다. 이 손실은 시간이 지나도 쉽게 회복되지 않습니다. 한국의 수많은 유소년 선수들은 이 기회비용을 고스란히 치르고 있지만 정작 그 의미조차 인식하지 못한 채 훈련을 이어 가고 있습니다.

축구 지능은 어떻게 길러지는가?

그렇다면 도대체 어떻게 해야 이 축구 지능을 키울 수 있을까요?
 저는 그 해답을 바로 '상황 해결 능력'에서 찾았습니다. 다만 이 능력은 단일 기술이 아닙니다. 세 가지 요소가 유기적으로 작동할 때 비로소 완성되는 종합 능력입니다.

1) 상황 인지 능력
경기 중 끊임없이 변화하는 정보를 빠르게 포착하고, 다음 전개를 예측하는 힘

2) 압박 저항력
시간적·공간적 압박 속에서도 침착하게 판단하고 기술을 실행하는 힘

3) 경기 경험
수많은 실전 상황을 반복하면서 판단과 실행을 체화해 가는 과정

이 세 가지 능력은 각각 따로 떨어져 존재하지 않습니다. 마치 엔진, 브레이크, 핸들이 동시에 작동해야 차가 굴러가듯, 이 세 가지는 하나로 연결되어야만 높은 경기력으로 이어질 수 있습니다.

차범근 축구상이 말해 주는 것

차범근 축구상은 1988년, 한국 유소년 축구의 성장을 응원하기 위해 차범근 감독이 직접 만든 상입니다. 오랜 시간 동안 일간스포츠와 소년한국일보가 함께 운영하며 한국 유소년 축구를 대표하는 가장 권위 있는 상으로 자리 잡았습니다. 2010년부터는 대한축구협회도 후원에 참여했고, 최근에는 기술뿐 아니라 축구 지능, 태도, 리더십 등 다양한 평가 요소를 반영해 수상 체계를 더욱 확대했습니다. 우수 선수에게는 해외 연수 기회도 주어질 만큼 그 가치를 인정받고 있습니다. 이 상을 받는 대상은 단순히 드리블이나 슈팅 같은 특정 기술만 뛰어난 선수가 아닙니다. 경기의 흐름을 읽고, 변화에 유연하게 대응하며, 예측하지 못한 상황 속에서도 스스로 해결책을 찾아낼 수 있는 선수에게 주어집니다.

즉 이 책에서 제가 강조하는 '축구의 기본 기술'과 '상황 해결 능력', 이 두 가지 축을 고르게 갖춘 선수가 바로 그 주인공이 될 수 있습니다.

다음 챕터에서는 앞에서 정리한 세 가지 능력인 상황 인지 능력, 압박 저항력, 경기 경험이 각각 어떤 의미를 갖고 있으며, 어떻게 훈련할 수 있는지, 그리고 이들이 어떻게 연결되어 실제 경기력으로 이어지는지를 하나씩 살펴보겠습니다.

축구는 결국 복잡한 상황을 해결하는 스포츠입니다. 중요한 것은 '고정된 기술'이 아니라, 상황에 맞는 기술을 정확하게 수행하는 능력입니다. 기술을 수행하는 순간마다 '생각'과 '판단'이 동반되며, 그것이 곧 해당 기술의 성공 여부와 상황 해결의 결과를 결정합니다. 그리고 그 사고의 근육을 길러주는 힘, 그것이 바로 '상황 해결 능력'입니다.

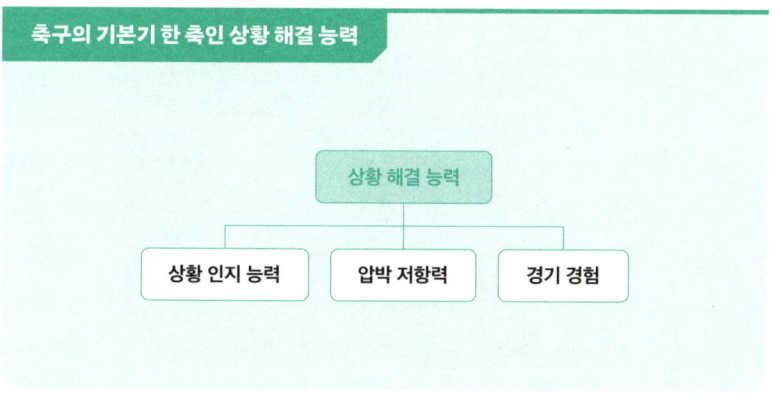

CHAPTER 03

축구의 기본기 구성 요소

축구의 기본 기술 - 볼 감각 1

09

앞서 우리는 '축구의 기본 기술'이 드리블, 볼 컨트롤, 패스, 슈팅 등 네 가지로 나뉜다는 것을 배웠습니다. 그리고 이 기술들이 공통된 하나의 '뿌리'에서 시작된다는 것도 함께 살펴보았습니다. 그 뿌리가 바로 '볼 감각'입니다.

볼 감각이 바탕에 단단히 자리 잡고 있어야 그 위에 기본 기술들을 하나씩 차곡차곡 쌓아 올릴 수 있습니다. 볼 감각이 부족하면 그 어떤 기술도 제대로 익히기 어렵고, 설령 특정 기술을 배운다 하더라도 급박하게 흘러가는 경기 중에 자연스럽게 반응하며 그 기술을 정확하게 사용하기가 힘듭니다. 반대로 볼 감각이 뛰어난 선수는 새로운 기술도 빠르게 익히며, 경기 중에 기술을 성공시키는 확률 또한 크게 높습니다.

이번 장에서는 그 '볼 감각'이란 무엇인지, 왜 중요한지, 그리고 어떻게 훈련할 수 있는지를 함께 살펴보려 합니다. 여기서 한 가지 질문을 드려 보겠습니다.

"여러분은 볼 감각이 무엇이라고 생각하시나요?"

> 볼 감각 = 상상한 다음 플레이를 위해 볼의 방향과 강도를 자유자재로 조절할 수 있는 능력

조금 더 구체적으로 말씀드리면, 볼 감각이란 볼을 터치하기 전에 머릿속으로 그 방향과 강도를 미리 상상해 두고 실제 플레이에서 그 상상한 내용을 정확히 실현해 내는 능력을 뜻합니다. 볼 감각이 뛰어난 선수는 볼이 다가오는 순간 이미 머릿속에서 다음 장면을 그리고 있습니다.

"이 볼을 오른발 안쪽으로 터치하면 이 위치로 흘러가겠지. 수비수는 슈팅을 예측하고 슬라이딩 태클을 시도할 거야. 그걸 유도해서 슈팅 페이크를 주고 다시 슈팅을 가져가야겠다."

이처럼 머릿속으로 구체적인 장면을 미리 그릴 수 있는 상태, 저는 이를 '감각적 상상 가능 상태'라고 부릅니다. 즉 볼이 다가오기 전에 이미 머릿속에서 볼의 궤적과 속도를 시뮬레이션하고, 그 상상을 실제 플레이로 실현할 준비가 되어 있는 상태를 뜻합니다. 이 상상은 단순한 예측이 아니라 볼에 대한 감각이 몸에 충분히 배어 있어야만 가능한 사고입니다. '감각적 상상 가능 상태'는 단지 기술적인 능력 이상의 의미를 지닙니다. 눈앞의 볼에 쫓기지 않

고 한 수 앞을 준비할 수 있는 감각적 사고의 출발점이며, 창의적인 플레이와 효율적인 판단, 실전에서의 유연한 대응력으로 이어지는 핵심 요소입니다.

반대로 볼 감각이 부족한 선수는 볼이 눈앞에 왔을 때 그 볼만 주시하게 됩니다. 다음 상황을 상상하기는커녕 '잘못 터치하면 어떡하지?'라는 걱정이 먼저 앞섭니다. 결국 볼을 터치한 이후에 어디로 흘러갈지조차 예측하지 못해 다음 동작으로의 연결이 끊기게 됩니다. 이렇게 흐름이 끊어진 플레이는 수비수에게 쉽게 읽히고, 결국 볼 소유권을 빼앗길 가능성도 높아질 수밖에 없습니다.

결론적으로 볼 감각은 단순히 볼을 잘 다루는 능력에 그치지 않습니다. 한 수 앞을 내다보고 준비할 수 있게 해주는 '상상력의 기술'이자, 다음 플레이의 속도와 정확도를 동시에 결정짓는 축구 기술의 '뿌리'라 할 수 있습니다.

이러한 '볼 감각'의 정의에 공감하신다면, 이제는 왜 이 훈련이 필요한지 다시 생각해 볼 필요가 있습니다. 많은 분이 볼 감각 훈련을 단순히 볼을 잘 다루기 위한 기술 연습 정도로만 생각하고 있습니다. 하지만 그것만으로는 부족합니다. 볼 감각은 단지 기술을 익히기 위한 것이 아니라 경기 중 상상력을 기반으로 사고력과 판단력을 끌어올려 주는 힘이기 때문입니다. 골든에이지의 마지막 시기인 중학교 3학년까지는 볼 감각을 최상의 단계로 끌어올리는 것이 중요하고, 그 이후에는 이를 꾸준히 유지하려는 노력이 필요합니다. 이러한 노력은 프로 선수가 된 이후로도 계속되어야 합니다.

볼 감각의 중요성을 이해했다면 이제 그에 맞는 행동 변화를 이끌어 내기 위해 '관점'을 먼저 바꿔 보도록 하겠습니다. "프로 선수가 되기 위해 축구를 배우겠다"는 말은 눈에 잘 보이는 팀 훈련에만 최선을 다하겠다는 뜻이 아닙니다. 눈에 잘 보이지 않는 '개인 훈련'에도 똑같은 각오로 임하겠다는 의미가 함께 담겨 있어야 합니다.

정리하자면 프로 선수가 되기 위한 노력은 투 트랙, 즉 팀 훈련과 개인 훈련이 동시에 이루어져야 한다는 관점을 가져야 합니다. 이 두 훈련 모두에 꾸준히 최선을 다할 때 비로소 "나는 프로 선수가 되기 위해 준비를 제대로 하고 있다"고 말할 수 있습니다.

혹자는 이렇게 질문할 수도 있습니다.

"감독님, 팀 훈련 중에도 볼 감각 훈련을 하는데, 팀 훈련에 최선을 다하고 있다면 굳이 개인 훈련에서까지 볼 감각 훈련을 해야 하나요?"

언뜻 듣기엔 그럴듯한 질문처럼 들립니다. 하지만 저는 단호하게 말씀드리고 싶습니다. 볼 감각은 철저히 개인의 영역입니다. 아무리 팀 훈련에 성실히 임하더라도 팀 훈련의 본질은 '팀 경기력의 향상'에 있습니다. 개인의 볼 감각을 세밀하게 다듬기에는 구조적인 한계가 분명히 존재합니다. 그리고 이 지점에서 우리가 스스로에게 해 볼 수 있는 근본적인 질문이 있습니다.

"나는 과연 상상한 다음 플레이를 위해 볼의 방향과 강도를 자유자재로 조절할 수 있을 만큼의 볼 감각을 갖추고 있을까?"

결국 이 질문에 스스로 "그렇다"라고 자신 있게 답할 수 있도록 만드는 것이 바로 볼 감각 훈련의 진짜 목적이자 기준입니다.

참고로 손흥민 선수는 손웅정 감독 밑에서 약 7년 동안 하루도 빠짐없이 볼 감각 훈련을 반복했고, 프로 선수가 된 이후에도 그 훈련을 계속 이어 갔습니다. 그 결과, 그는 잉글랜드 프리미어 리그에서 득점왕을 차지했고, 오랜 시간 동안 국가대표 선수로 활약하고 있습니다. 결국 손흥민 선수를 기준으로 삼아 본다면, 나에게 필요한 볼 감각 훈련의 양과 방향을 스스로 점검해 볼 수 있을 것입니다.

손흥민 선수는 어린 시절, 손웅정 감독의 지도 아래 매일 2시간씩 볼 감각 훈련을 했다고 알려져 있습니다. 현재 엘리트 유소년 축구팀의 정규 훈련 시간도 하루 약 2시간 내외입니다. 그러나 훈련 외 시간에 손흥민 선수처럼 매일 2시간씩 개인 훈련을 하기란 현실적으로 어렵습니다.

그래서 저는 제게 축구를 배우는 선수들에게 '주 4회, 하루 30분씩' 개인 볼 감각 훈련 시간을 반드시 확보하도록 지도합니다.

또한 매주 단계별 볼 감각 훈련 프로그램을 공유하여, 선수 스스로 훈련 습관을 만들고 그 감각이 누적되어 실력 향상으로 이어지는 과정을 직접 체험할 수 있도록 돕고 있습니다.

"축구 기술이란 볼을 1,000번 저글링하는 것이 아니다. 그것은 연습하면 누구나 할 수 있다. 그러면 서커스단에서 일할 수 있다. 축구 기술이란 볼을 단 한 번의 터치로 동료의 발 앞에 적절한 속도로 정확하게 전달하는 것이다."

'현대 축구의 철학자'라 불리는 요한 크루이프의 핵심 메시지를 정확히 담고 있는 말입니다. 흥미로운 사실은 이 철학에 정면으로 맞서는 듯한 교육 철학을 지닌 인물이 바로 손흥민 선수의 아버지, 손웅정 감독이라는 것입니다. 손웅정 감독은 그의 저서 《모든 것은 기본에서 시작한다》에서 이렇게 말합니다.

"우리 아이들은 한쪽에서 볼 리프팅만 하고 있으니 당연히 답답하다. 하지만 바보같이 '하나'만 죽어라 하던 아이들이 하나 다음에 둘을, 둘 다음에 셋을 완성하다 보면 그 이후의 성장세는 놀랍다. 정체기가 찾아와도 한 자리에 그리 오래 머물지 않는다. 마치 대나무를 보는 듯하다."

"볼 리프팅 훈련은 불필요하다." vs "7년간 볼 리프팅 위주의 훈련만 했다."

요한 크루이프와 손웅정, 겉보기에는 정반대 철학을 가진 두 사람입니다. 그렇다면, 과연 누구의 방식이 '정답'일까요? 저는 이렇게 말씀드리고 싶습니다. "둘 다 정답입니다."

　요한 크루이프가 지도자로 가장 오랜 시간 활동한 팀인 FC 바르셀로나 역시 유소년기부터 풋살과 소규모 경기를 중심으로 한 훈련 방식을 강조해 왔습니다. 이러한 흐름은 바르셀로나 지역뿐만 아니라 스페인 전역의 유소년 축구 시스템에도 깊이 뿌리내려, 만 4~5세 아이들이 자연스럽게 풋살을 통해 어릴 때부터 볼과 친해질 수 있는 환경을 만들어 주었습니다. 흥미롭게도 풋살에서는 볼 리프팅 훈련이 거의 이루어지지 않습니다. 풋살 볼은 바운드가 적도록 설계되어 있어 탄성이 낮고, 공중에 띄우기 어려운 특성이 있기 때문입니다. 그렇다고 볼 리프팅을 하지 못하면 볼 감각을 기르지 못하는 걸까요? 오히려 그 반대입니다. 아이들은 좁은 공간 속에서 발등, 발바닥, 인사이드, 아웃사이드 등 발의 모든 부위를 활용하면서 지면 위의 볼을 반복적으로 터치합니다. 이 과정에서 자신도 모르게 볼 감각을 익혀 갑니다. 이러한 환경에서는 따로 볼 리프팅을 가르치지 않아도, 실전에서 사용할 수 있는 실용적인 볼 감각이 자연스럽게 형성됩니다.

　최근 우리나라에서도 5~6세 아이들이 축구 클럽에 등록해 이른 나이부터 볼을 접하기 시작했습니다. 물론 스페인처럼 그 연령대부터 주말 리그에 참가하거나, 또래 친구들과 매주 풋살이나 축구 경기를 경험하는 수준에는 아직 미치지 못하는 실정입니다. 하지만 아이들이 어릴 때부터 볼을 터치하며 성장할 수 있는 환경은 점점 나아지고 있습니다. 그럼에도 우리는 여전히 절대적인 볼과의 접촉 시간이나 볼과의 친밀감, 경기 중 볼 터치 횟수 등에서 부족한 점이 많습니다. 특히 눈에 보이지 않는 '볼 감각'의 차이는 쉽게 따라잡기 어렵습니다.

저는 그런 배경 속에서 손웅정 감독이 선택한 방식, 즉 '볼 리프팅 훈련 프로그램'을 통해 밀린 숙제를 해결하려 했던 노력이 충분히 이해됩니다. 지루하고 단조로운 반복 훈련처럼 보일 수 있지만, 그 일상적인 반복이야말로 '볼과 하나가 되기 위한 과정'이었습니다. 어쩌면 그가 선택한 방법은 우리나라 축구 환경에서 가장 현실적인 대안이었는지도 모릅니다.

정리하자면 4~5살부터 풋살을 배우며 자연스럽게 볼 감각을 키우는 환경이 아닌 우리나라에서 높은 수준의 선수로 성장하려면 '의도적인 볼 감각 훈련'이 반드시 필요합니다. 혹시 주변에 요한 크루이프의 말을 인용하며 "볼 리프팅은 필요 없다. 경기를 많이 뛰면 자연스럽게 볼 감각은 따라온다"고 말하는 분이 계시다면, 제 기준에서는 그 말이 늘 정답이라고 생각하지 않는다고 말씀드리고 싶습니다. 그 말은 축구나 풋살이 일상처럼 자리 잡은 나라, 즉 아이들이 매일 볼을 차며 자랄 수 있는 환경에서나 적용될 수 있는 이야기입니다. 그들은 볼과 친구처럼 지내며 자랐지만 우리 아이들은 그렇지 않습니다. 우리는 아직 '밀린 숙제'를 안고 있는 상황입니다. 그 숙제를 풀기 위한 현실적인 방법 중 하나가 바로 볼 리프팅 같은 기본적인 볼 감각 훈련입니다.

축구의 기본 기술 - 볼 감각 2

10

저는 볼 감각을 끌어올리기 위해 하나의 훈련 슬로건을 만들었습니다. 바로 '주 4회, 하루 30분'으로 영어로는 간단히 '4D 30M'이라고 부릅니다. 그런데 왜 하필 주 4회일까요? 일주일은 총 7일입니다. 저는 그중 절반을 넘어서는 최소 4일만큼은 '나 자신과의 경쟁에서 이겨야 한다'고 생각합니다. "나도 열심히 하고 있다"고 말하려면 말보다 행동이 먼저여야 하기 때문입니다. 그래서 저는 훈련의 실체를 만들 수 있도록 명확한 횟수와 시간을 기준으로 삼았습니다.

'4D 30M'은 단순한 반복 훈련 구호가 아닙니다. 이는 자신을 이겨 내기 위한 수치이자 시각화된 자기합리화 방지 장치입니다. 마치 스포츠에서 자주 등장하는 7전 4선승제처럼 일주일 중 4일을 훈련했다면 그 주는 자기 자신을 이겨 낸 것입니다. 특히 유소년 축구 선수들에게는 이 슬로건이 볼 감각 향상을 위한 가장 현실적인 방법이자 가장 실천 가능한 '기준'이 될 수 있습니다. 실제로 '주 4회 하루 30분'을 실천해 나가다 보면, 단지 볼 감각이 향상되는 것에 그치지 않고 매주 자신과의 싸움에서 이겼다는 심리적 만족감이 점점 '자신감'이라는 자양분으로 축적될 것입니다. 그리고 그 자신감은 결국 경기장에서 '창의적인 플레이'로 자연스럽게 드러나게 될 것입니다. 창의적인 플레이는 '자신감'이라는 연료를 먹고 발현되기 때문입니다.

많은 분들이 '축구 실력 향상'을 '공부 성적 향상'과 같다고 오해하시는 경우가 있습니다. 그러나 축구는 공부와 다릅니다. 공부가 계속해서 상위 개념을 이해하고 새로운 문제를 풀어가는 과정이라면, 축구는 기본 개념을 바탕으로 같은 기술을 더 복잡하고 어려운 상황 속에서 정확히 구현해 나가는 과정입니다. 즉 공부는 '지식의 확장' 과정이라면, 축구는 '기본의 심화' 과정입니다. 기술은 같지만, 공간은 좁아지고, 수비수의 압박은 빨라지며, 심리적인 부담도 커집니다. 그래서 같은 기술을 반복하되 더 빠르고 정확하게 사용할 수 있도록 만들어야 합니다. 그 핵심이 바로 '볼 감각'입니다.

하지만 볼 감각은 한 번 익혔다고 해서 평생 유지되는 것이 아닙니다. 훈련하지 않으면 무뎌지고, 시간이 지나면 자연스럽게 사라지기 마련입니다. 마치 군인이 매일 화기에 기름칠을 하듯이 축구 선수도 자신의 감각을 꾸준히 관리해야 합니다. 언제, 어디서,

어떤 상황에서든 볼 감각을 바탕으로 기술을 꺼내 쓸 수 있어야 하기 때문입니다.

자, 이제 본격적으로 볼 감각을 키울 수 있는 훈련 프로그램을 소개해 드리겠습니다. 볼 감각 훈련을 할 때 나오는 자세가 곧 경기할 때의 '기본 자세'가 됩니다. 그렇기에 볼 감각 훈련을 할 때 어떤 자세로 훈련하고 있는지 반드시 스스로 체크하면서 훈련해야 합니다. 특히 팔의 위치와 무릎의 각도는 꼭 확인할 필요가 있습니다.

1. 팔의 위치

어깨에서 팔꿈치까지의 각도는 약 45도 정도로 자연스럽게 벌어져 있고, 손목의 위치는 배꼽 정도 높이에 맞춥니다. 여기서 손목을 위로 살짝 올려 주면 전완근에 자연스레 긴장이 생기며, 수비수와의 경합 상황에서 몸 앞의 보호막처럼 활용할 수 있는 자세가 만들어집니다. 팔의 위치를 바르게 유지하고 볼을 다룰 때는 다음과 같은 이점을 얻을 수 있습니다.

1) 보호막 형성: 팔을 사용해 몸 앞에 자연스러운 보호막을 만듭니다.
2) 촉각 활용: 상대의 움직임을 팔의 촉각으로 빠르게 파악할 수 있습니다.
3) 균형 유지: 팔의 위치와 움직임은 전체적인 밸런스를 잡는 데 도움이 됩니다.
4) 몸싸움 우위: 몸싸움 시 어깨를 먼저 넣어 볼을 차지하는 데 유리합니다.

2. 무릎의 각도

무릎의 각도는 개인의 하체 근력에 따라 조금씩 달라집니다. 기본적으로는 자신의 체중을 한 발로 지탱할 수 있을 정도의 기초 근력이 필요합니다. 훈련 시 무릎은 허벅지 대퇴근에 약간의 긴장이 느껴질 만큼만 살짝 굽히는 것이 이상적입니다. 반면 지나치게 무릎을 굽혀 주저앉은 자세가 되면, 순간적인 움직임에 대한 반응 속도가 떨어질 수 있으니 주의가 필요합니다. 핵심은 자세가 과하게 낮아지지 않으면서도 균형을 유지하고 빠르게 반응할 수 있는 무릎 각도를 찾는 것입니다. 이처럼 팔의 위치와 무릎의 각도, 두 가지 기본 자세를 제대로 갖춘 상태에서 볼 감각 훈련을 진행해야 실제 경기를 할 때도 안정적인 자세를 바탕으로 보다 유리한 상황을 만들어 낼 수 있습니다.

이제 핵심 내용인 볼 감각 향상 프로그램 4가지를 살펴보겠습니다.

첫 번째는 '볼 리프팅'입니다. 볼 리프팅은 인스텝, 인사이드, 아웃사이드, 무릎, 가슴, 어깨, 머리 등 축구에서 실제로 사용하는 다양한 신체 부위로 볼을 다뤄 보면서 볼의 촉감을 반복적으로 익히는 훈련입니다. 이 과정을 거치면 몸 전체로 볼의 움직임을 느끼는 감각이 자연스럽게 길러지고, 경기 중에도 더 부드럽고 정확한 터치가 가능해집니다. 당연한 결과겠지만, 볼 리프팅 훈련을 오랜 시간 갈고닦은 선수와 그렇지 못한 선수 사이에는 분명한 차이가 생깁니다. 특히 공중에서 날아오는 볼을 다루는 '공중 볼 컨트

볼 리프팅 훈련 1단계 영상

볼 리프팅 훈련 1단계

순서	이름	레벨 1	레벨 2	레벨 3
1	인스텝 볼 리프팅	10개	30개	100개
2	인사이드 볼 리프팅	10개	30개	100개
3	무릎 볼 리프팅	10개	30개	100개
4	아웃사이드 볼 리프팅	10개	30개	100개
5	헤딩 볼 리프팅	10개	30개	100개

* 참고 사항
1. 자신의 레벨에 맞춰 레벨 1, 레벨 2, 레벨 3 중 한 가지 선택.
2. 오른발, 왼발을 번갈아 가면서 볼 터치, 동일한 발로 2회 연속 터치 시 리셋.
3. 아웃사이드의 경우 한 발씩 개별로 진행. 만약 레벨이 될 경우 양발로 진행.

롤 능력'에서 가장 뚜렷하게 드러납니다.

그뿐만 아니라 볼 리프팅 훈련은 볼에 대한 집중력을 높이는 데에도 효과적입니다. 또한 집중력을 오랫동안 유지할 수 있는 인내력도 함께 기를 수 있습니다. 아마 여기까지는 축구를 잘 모르는 분들도 익히 알고 있는 내용일 것입니다. 그런데 제가 직접 볼 리프팅 훈련을 해 보고, 또 교육 현장에서 아이들을 지도하면서 느낀 점이 한 가지 더 있습니다. 그것은 볼 리프팅을 하면서 볼을 잘 다루기 위해 필요한 미세한 움직임을 반복하다 보면 그에 관련된 근육들도 발달시킬 수 있다는 점입니다. 다시 말해, 이 훈련은 축구하기 좋은 몸을 만드는 데 큰 도움이 됩니다. 정리하면 다음과 같습니다.

1) 인스텝 볼 리프팅: 발목의 움직임과 유연성을 향상시키는 데 효과적입니다.

2) 인사이드 볼 리프팅: 고관절의 유연성과 함께 내전근을 강화할 수 있습니다.

3) 무릎 볼 리프팅: 대퇴근 사용을 유도하고, 힙 힌지 동작을 통해 고관절 기능을 높이는 데 도움이 됩니다.

4) 아웃사이드 볼 리프팅: 고관절의 유연성뿐만 아니라 외전근 강화를 위한 자극을 제공합니다.

5) 헤딩 볼 리프팅: 볼의 낙하지점을 빠르게 파악하는 인지 능력을 기를 수 있습니다.

태어날 때부터 축구를 잘하기 위한 몸을 가지고 태어나는 사람은 없습니다. 그런 몸은 경기와 훈련, 생활 패턴을 통해 서서히 만들어 가는 것입니다. 아무리 축구에 재능 있는 선수라 하더라도 인스텝, 인사이드, 아웃사이드, 무릎, 가슴, 어깨, 머리 등의 부위를 사용해 탄성 있는 볼의 중력을 이겨 내고 원하는 위치로 정확하게 이동시키는 능력을 처음부터 갖추기란 어렵습니다. 결국 답은 하나입니다. 많은 시간을 투자해 꾸준히 훈련하는 것뿐입니다. 처음에는 볼이 자주 땅에 떨어지기 때문에 쉽게 싫증이 나고, 짜증이 날 수밖에 없습니다. 이는 아이뿐만 아니라 지켜보는 부모도 마찬가지입니다. 아이의 실수를 반복해서 보다 보면 '우리 아이는 소질이 없는 게 아닐까?' 하는 걱정이 들 수 있고, 훈련을 계속 시켜야 할지 고민하게 되는 순간도 찾아옵니다. 그러한 과정은 축구 선수로 살아가는 내내 사용하게 될 볼 감각을 익히기 위해 반드시 감수해야 하는 일종의 '대가'입니다. 그 대가를 치르지 않고 나 자신 또는 내 자녀가 축구를 잘하게 되기를 바라는 것은 씨앗도 뿌리지 않은 채 열매가 맺히기만을 기대하는 것과 같습니다.

두 번째는 '벽 치기 훈련'입니다. 저 역시 프로축구 선수를 꿈꿨었지만 경기 중에 볼이 오는 것이 두려운 순간이 종종 있었습니다. 주변에서는 이를 '슬럼프'라고 말하기도 했지만, 저는 그것이 단순한 컨디션 저하나 심리적인 불안 때문만은 아니라고 느꼈습니다. 해결 방법을 찾기 위해 여러 가지 시도를 해 봤지만 결국

벽 치기 훈련 1단계 영상

벽 치기 훈련 1단계

순서	이름
1	제자리 볼 컨트롤 + 패스 (주발, 반대 발 10개씩 3set)
2	전방 이동 볼 컨트롤 + 패스 (주발, 반대 발 10개씩 3set)
3	오른쪽 이동 볼 컨트롤 (오른발 인사이드, 아웃사이드 10개씩 3set)
4	왼쪽 이동 볼 컨트롤 (왼발 인사이드, 아웃사이드 10개씩 3set)
5	후방 이동 볼 컨트롤 (주발, 반대 발 10개씩 3set)

* 참고 사항
1. 벽 치기 할 수 있는 환경이 안 될 경우 볼 리프팅, 드리블 마스터리, 볼 마스터리 중 한 가지로 대체.
2. 패스 이후 볼이 벽에 맞고 돌아오는 시간 동안 고개를 왼쪽 한 번, 오른쪽 한 번 확인하는 동작 추가 가능.
3. 접시콘 활용 가로, 세로 약 1m 정사각형 안에서 실행. (반대 발이 어려울 경우 주발만 진행)

제가 깨달은 것은 그 두려움의 원인이 외부가 아닌 내부에 있다는 사실이었습니다. 볼이 오는 상황을 두려워했던 진짜 이유는 '기술 부족'이나 '상황 판단 미숙' 때문이 아니라, '볼 감각에 대한 자신감 부족'이 가장 컸습니다. 사람마다 이유는 다를 수 있지만 저의 경우는 '볼 감각'이 무뎌졌을 때 볼이 오는 게 두려웠습니다. 즉 볼 감각을 높이기 위한 개인적인 노력을 소홀히 하고 있을 때 경기 중에 볼이 오는 상황이 유독 두렵게 느껴졌습니다. 그 사실을 깨닫고 나서는 오히려 단순하게 생각하게 되었습니다.

"볼이 오는 것이 두렵다면 볼이 오는 상황을 더 많이 마주하자."

그렇게 해서 만들어진 훈련이 바로 '벽 치기 훈련'입니다. 사실 개인 훈련을 함께할 누군가가 있었다면 서로 볼을 주고받으며 자연스럽게 '볼이 오는 상황'을 더 많이 마주할 수 있었을 것입니다. 아버지께서 많이 도와주셨지만 대부분의 시간을 혼자 훈련해야 하다 보니, 저에게 볼을 보내 줄 '무언가'가 필요했습니다. 기억을 되살려보면 저는 학교 체육관 벽이나 계단을 활용해서 '벽 치기 훈련'을 하곤 했습니다. 벽 치기를 할 수 있는 환경이 갖춰져 있다면 가장 좋겠지만 그렇지 못한 경우도 많습니다. 요즘은 다양한 축구용품 브랜드에서 '리바운더'라는 벽 치기 훈련을 대체할 수 있는 용품을 판매하고 있으니 활용하는 것도 좋은 방법입니다.

첫 번째 볼 감각 훈련인 '볼 리프팅'이 '공중 볼'에 대한 감각을 길러 주는 훈련이라면, 두 번째 훈련인 '벽 치기 훈련'은 '땅볼'에 대한 감각을 높여 주는 훈련입니다. 이 두 가지 훈련을 통해 경기 중에 마주하게 되는 대부분의 '땅볼과 공중 볼'에 대한 감각을 고르게 끌어올릴 수 있습니다.

세 번째는 '드리블 마스터리'입니다. 이 프로그램은 제가 선수 시절 은사님들께 배운 드리블 기술과 지금까지 공부하며 가르쳐 온 다양한 드리블 기술을 하나의 체계로 정리한 훈련 프로그램으로 실전에 바로 적용 가능한 기술들을 중심으로 구성되어 있습니다.

다시 한번 강조드립니다. 드리블, 볼 컨트롤, 패스, 슈팅으로 구성된 축구의 기본 기술을 잘게 쪼개어 보면, 그 밑바탕에는 늘 '볼 감각'이 자리하고 있습니다. 즉 축구 기술을 구성하는 가장 작은 원소는 '볼 감각'입니다. 그중에서도 드리블은 기본 기술 4가지 중 가장 많은 볼 터치가 이루어지는 기술입니다. 따라서 단순히 드리블을 반복하는 것만으로도 볼을 다루는 촉감을 자주 느낄 수 있어서 자연스럽게 볼 감각이 향상됩니다. 하지만 드리블 마스터리는 단순한 터치 반복을 넘어 실제 경기에서 사용되는 다양한 드리블 기술들을 축약하고 체계화한 훈련 프로그램입니다. 이 프로그램을 반복 숙달하게 되면, 단지 감각 향상에 그치지 않고 실전에서 즉각적으로 활용할 수 있는 드리블 기술까지 익힐 수 있습니다. 숙달된 드리블 기술은 경기 중 상황에 따라 속도나 크기를 조절하면서 사용할 수 있어 실제 플레이에서 매우 유용한 무기가 되어 줄 것입니다.

드리블 마스터리 훈련 1단계 영상

드리블 마스터리 훈련 1단계

순서	명칭	비고
1	한 발 인사이드 + 아웃사이드	주발, 반대 발
2	양발 인사이드 + 아웃사이드	
3	아웃사이드 + 아웃사이드	3스텝
4	아웃사이드 + 바디 페이크 + 아웃사이드 + 스톱	
5	아웃사이드 + 시저스 + 아웃사이드 + 스톱	
6	인사이드 + 아웃사이드 + 스톱	디딤발 이동
7	인사이드 드래그 + 인사이드 + 스톱	3터치
8	인사이드 드래그 + 아웃사이드 + 스톱	3터치
9	인사이드 드래그 + 시저스 + 아웃사이드 + 스톱	
10	발바닥 드래그 + 시저스 + 아웃사이드 + 스톱	

네 번째는 '볼 마스터리'입니다. 1970년대, 네덜란드의 축구 지도자 윌 코오버(Wiel Coerver)는 피라미드 구조의 훈련 체계인 '코오버 코칭(Coerver Coaching)'을 개발했습니다. 그 코칭 시스템의 가장 밑바탕, 즉 토대가 되는 것이 바로 '볼 마스터리'였습니다. 볼 마스터리는 발바닥, 인스텝, 인사이드, 아웃사이드 등 발의 모든 부위를 활용한 볼 감각을 최대치로 끌어올리는 훈련입니다. 그뿐만 아니라, 다양한 움직임과 자세 변화까지 포함되어 있어 '코디네이션', 즉 신체 조정 능력 향상에도 효과적인 프로그램입니다. 볼 마스터리 레벨이 높아질수록 점점 더 난이도 높은 동작들을 수행하게 됩니다. 이러한 동작들은 단순한 기술 연습을 넘어 급박한 경기 상황 속에서 머리보다 몸이 먼저 반응할 수 있도록 기술을 몸에 '각인'시키는 훈련이라고 할 수 있습니다. 마치 바늘이 닿는 순간 즉시 터져 버리는 풍선처럼 순간적인 반응이 필요한 상황에서 생각이 아닌 몸의 반사 작용으로 기술이 나올 수 있도록 만들어 주는 것입니다.

볼 마스터리 훈련 1단계 영상

볼 마스터리 훈련 1단계

순서	명칭	비고
1	이동 양발 발바닥 탭-탭	앞+뒤, 좌+우
2	이동 양발 인사이드 탭-탭	앞+뒤, 좌+우
3	양발 발바닥 안쪽 당기기	
4	한 발 발바닥 당기고 인스텝 터치	주발, 반대 발
5	한 발 인사이드-아웃사이드	주발, 반대 발
6	양발 인사이드-아웃사이드	
7	양발 발바닥-인사이드 V자 드리블	
8	양발 발바닥-아웃사이드 V자 드리블	
9	한 발 발바닥--인사이드 V자 드리블	
10	한 발 발바닥-아웃사이드 V자 드리블	

축구의 기본 기술 - 드리블 1

11

드리블은 훈련 시간에 지도자의 시범을 따라 하기는 쉽지만, 실제 경기 중에 활용하는 것은 어려운 기술입니다. 경기에서 드리블이 어려운 이유는 기술적 숙련도 부족도 있겠지만, 수비수와의 심리적 경쟁에서 위축되기 때문인 경우가 더 많습니다. 따라서 드리블은 자신에게 볼이 오기 전부터 "도전해 보겠다!"는 마인드셋이 선행되어야 하는 기술입니다. 그만큼 '희소성'이 높은 기술이라고도 할 수 있습니다. 드리블 기술 자체는 지도자의 동작을 따라 하는 훈련으로 익힐 수 있지만, 심리적인 자신감은 '성공 경험'을 통해서만 길러집니다. 타고난 승부 근성이 부족한 유소년 축구 선수가 도전해 보겠다는 마인드셋 없이 훈련한다면, 드리블은 경기 중에 자연스럽게 반응하지 않을 것입니다. 결국 드리블은 단순한 기술이 아니라 도전을 두려워하지 않는 태도에서 시작된 '용기'의 표현이며, 유소년 축구 선수라면 반드시 이 사실을 명심해야 합니다.

드리블은 경기의 흐름을 바꾸는 '게임 체인저'가 될 수 있는 기술입니다. 드리블로 수비수를 자신 쪽으로 유도해 공간을 창출할 수 있고, 수비 전열을 깨트릴 수 있으며, 팀 동료들을 '솔로 상태'로 만들어 줄 수 있기 때문입니다. 또한 공격 방향을 전환시켜 전술적인 흐름에 활기를 불어넣는 역할도 할 수 있습니다. 하지만 반대로 무리하게 드리블하다 보면 팀 전체의 리듬을 깨뜨릴 수도 있기에, 드리블할 때는 몇 가지 개념을 정확히 이해하고 실행에 옮겨야 합니다. 이번 챕터에서는 이러한 '드리블의 핵심 개념' 다섯 가지에 대해 설명드리겠습니다.

첫 번째: "축구는 몸싸움이 허용된 스포츠다."

드리블을 잘하기 위해서 가장 먼저 이해해야 할 개념은, 축구는 몸싸움이 허용된 스포츠라는 사실입니다. 우리는 흔히 영국을 축구의 종주국이라 부릅니다. 실제로 어떤 나라가 가장 먼저 축구를 시작했는지는 불분명하지만, 잉글랜드가 세계 최초로 축구협회를 창설한 이후 축구는 '신사의 나라'라는 잉글랜드의 이미지처럼 점잖고 우아한 스포츠로 여겨지기 시작했습니다. 하지만 실제 축구의 기원은 우리가 알고 있는 것과는 전혀 다릅니다. 잉글랜드 축구협회가 안전 규정을 만들기 전의 축구는 거의 '패싸움'에 가까운 것이었기 때문입니다. 초창기의 축구는 한 마을에서 다른 마을로 볼을 옮겨 가며 점수를 내는 과정에서 손으로 끌어당기고, 다리를 걸고, 정강이를 차는 등의 폭력적 요소가 그대로 존재했습니다. 나중에 규칙이 생기고 선수 보호 장비가 도입되면서 지금 같은 현대 축구로 발전했지만, 그 뿌리에는 여전히 몸싸움과 경합이라는 본질이 남아 있습니다. 축구는 볼을 지키려는 선수와 그것을 뺏으려는 수비수 사이의 지속적인 충돌로 구성된 경기입니다. 결국 몸과 몸이 부딪히는 상황은 피할 수 없습니다.

제가 현장에서 만난 유소년 선수 중에는 드리블 동작은 능숙하게 수행하면서도, 수비수와 부딪히는 순간 멈칫하거나 돌파를 포기하고 백패스를 선택하는 경우가 많았습니다. 이러한 회피 성향은 단순히 기술을 연습하는 것만으로는 결코 극복할 수 없습니다. 축구는 몸싸움이 당연한 스포츠입니다. 드리블을 하는 도중에 수비수가 몸으로 압박해 오는 상황은 너무도 자연스럽고 일상적인 일입니다. 이 점을 선수 스스로 명확히 인식하고, 몸싸움에 대한 심리적 저항감을 줄이는 훈련이 병행되어야만, 경기에서 주도적인 드리블 플레이가 가능해집니다.

두 번째: "드리블은 수비수가 있어야 꽃을 피운다."

먼저 한 가지 질문을 드리고 싶습니다. "형제 모두가 축구를 한다면, 형이 축구를 더 잘할까요? 아니면 동생이 더 잘할까요?" 물론 동생이 선천적으로 운동 신경이 뛰어날 수도 있습니다. 하지만 저의 교육 철학에 비춰 보면, 동생이 형보다 축구를 잘할 가능성이 더 큽니다. 그 이유는 단순합니다. 형은 축구를 처음 배울 때, 주로 혼자 볼을 다루거나 아버지와 패스를 주고받으며 시작했을 것입니다. 물론 아버지가 가끔 수비 역할을 해 주기도 했겠지만, 현실적인 경쟁 상대는 아니었겠지요. 이와 달리 동생은 태어날 때부터 형이라는 '수비수'를 마주하고 자랍니다. 함께 볼을 차고, 뺏고, 다시 뺏기는 과정을 반복하며 자연스럽게 수비수가 있는 상황에서 훈련하는 경험이 더 많아집니다. 저는 이런 차이가 형제 간 축구 실력 차이를 만들어 낸다고 생각합니다.

또 하나의 예를 들어 보겠습니다. 같은 축구 경력과 운동 능력을 가진 두 선수가 있다고 가정해 봅시다. 한 선수는 다양한 드리블 기술을 혼자서 많이 연습해 왔고, 다른 선수는 알고 있는 기술의 숫자는 적지만 수비수가 있는 상황에서 드리블을 자주 시도하면서 성공과 실패의 경험을 충분히 쌓아 왔습니다. 이 두 선수가 일대일 상황에서 맞붙는다면, 누가 이길 가능성이 높을까요? 저는 후자, 즉 수비수와 실제로 경쟁해 본 경험이 많은 선수가 이길 가능성이 높다고 생각합니다. 그 이유는 드리블은 '수비수의 액션'에 대해 '공격수가 리액션'해야 하는 기술이기 때문입니다. 수비수의 움직임을 전혀 고려하지 않고, 자신이 하고 싶은 기술만 고집한다면 그 드리블은 결국 상대와 상관없는 '운에 의존한 플레이'가

되고 맙니다. 수비수가 없는 상황에서 단순히 반복만 하는 드리블 훈련으로는 기술 연습 이상의 발전을 기대하기 어렵습니다. 물론 초등학교 저학년이나 축구를 막 시작한 친구들은 '반복 훈련'이 반드시 필요합니다. 하지만 드리블 자세와 볼 감각을 어느 정도 갖춘 선수라면, 같은 동작을 계속 반복하는 훈련이 실전 감각을 키울 수 있는 훈련 기회를 놓치는 결과로 이어질 수 있습니다.

누군가는 이렇게 말할지도 모릅니다. "아직 자세도 불안정한 선수인데 수비수가 있는 상황에서 훈련하는 건 너무 어렵지 않나요?" 이런 의견은 겉으로 드러나는 기술의 완성도만을 기준으로 판단한 것입니다. 기술이 아직 다듬어지지 않은 상태에서도 수비수의 압박을 직접 느껴 보는 경험을 통해 '압박 저항력'을 함께 길러 주는 것이 중요합니다. 그렇지 않으면 아무리 드리블 자세를 완벽하게 익혔다 하더라도 실제 경기에서 수비수가 다가오는 순간, 연습 때 겪어 보지 못한 압박감에 집중력이 흐트러지고 당황한 나머지 본능적으로 '피하는 선택'을 하거나, 타이밍이 어긋난 기술을 사용하다 볼을 빼앗기는 악순환에 빠지게 됩니다. 축구를 조금이라도 해 보신 분이라면 이런 경험에 공감하실 겁니다. 아무리 이상적인 드리블 자세를 갖췄다 해도 실제 경기처럼 상황이 순식간에 변하는 흐름 속에서는 그 자세 그대로 유지하며 드리블을 이어 간다는 게 현실적으로 매우 어렵습니다. 드리블은 '외운 기술'이 아니라, '순간에 반응하는 기술'입니다. 그 기술은 수비수와 실제로 부딪히며 플레이할 때 가장 빠르게 자라납니다.

세 번째: "드리블도 지피지기가 필요하다."

사실 드리블 기술은 만들어 내자면 끝도 없이 만들 수 있습니다. 하지만 수많은 드리블 기술을 익히기 전에 반드시 머릿속에 먼저 정리해야 할 '드리블의 개념'이 있습니다. 바로 '나를 막고 있는 수비수가 어떤 수비 방법을 사용할 수 있는지 미리 알고 있는 것'입니다. 즉 수비수가 꺼낼 수 있는 다음 '카드'를 예상할 수 있어야 그에 맞는 준비를 하고 돌파할 확률도 높아진다는 뜻입니다.

제가 분류한 수비수의 수비 방법은 총 4가지입니다.

1. 덤비는 수비
2. 기다리는 척 덤비는 수비
3. 기다리는 수비
4. 덤비는 척 기다리는 수비

공격수가 볼 컨트롤에 성공했다는 전제 아래, 이 4가지 유형은 다음으로 갈수록 수비수의 수준이 높다고 볼 수 있습니다. 물론 상황에 따라 의도적으로 1번 수비를 선택할 수도 있지만 일반적으로는 '기다릴 줄 아는 수비수'가 더 높은 레벨로 평가됩니다.

예를 들어 유치원생이 우리 볼을 뺏으려 수비한다고 가정해 봅시다. 그 아이는 공격수의 상태와 관계없이 '덤비는 수비'만 줄곧 할 것이기에 우리는 손쉽게 돌파할 수 있습니다.

축구계에서는 '어릴 땐 메시 같았는데, 학년이 올라갈수록 점점 평범해진다"는 이야기를 자주 하곤 합니다. 이는 당연한 현상입니다. 왜냐하면 수비수들도 성장하면서 더 높은 수준의 수비를 구사할 수 있게 되기 때문입니다. 어릴 땐 대부분이 '덤비는 수비'를 하기에 손쉽게 드리블 돌파가 가능했습니다. 하지만 학년이 올라가면서 수비수들이 '기다리는 수비'를 하기 시작하면 같은 드리블 기술로는 더 이상 돌파할 수 없는 상황이 벌어지는 것입니다.

수비수의 수비 방법 4가지를 이해했다면, 이제 공격수 입장에서 어떤 드리블로 대응할 수 있을지 살펴볼 차례입니다.

✲ 수비 방법에 따른 드리블 대응법

1. 덤비는 수비 → 벗어나는 드리블

수비수가 빠르게 달려드는 경우, 수비 범위 밖 좌우 수평 방향으로 빠르게 벗어나는 드리블이 효과적입니다. 방향 전환만 잘 이루어진다면 그 어떤 수비 방법보다 쉽게 돌파에 성공할 수 있습니다.

2. 기다리는 척 덤비는 수비 → 드래그 드리블 + 벗어나는 드리블

처음에는 기다리는 듯 보이지만, 어느 순간 빠르게 덤벼오는 유형입니다. 이때는 드래그 드리블을 활용해 수비수를 관찰하다가 수비수가 '덤비려는 낌새'를 보이는 순간 좌우 수평으로 벗어나는 드리블을 통해 대응합니다.

3. 기다리는 수비 → 페이크 드리블

기다리는 수비는 공격수의 '파이널 터치' 타이밍과 방향을 예상하며 기다리고 있습니다. 따라서 이 수비 방법을 상대할 때는 페이크 동작으로 '타이밍'과 '방향'을 숨기고, 수비수가 예상하지 못하는 '파이널 터치'를 해야 합니다.

4. 덤비는 척 기다리는 수비 → 드래그 드리블 + 페이크 드리블

가장 까다로운 수비 방법입니다. 이 수비 방법은 덤비는 척하면서 공격수를 먼저 움직이게 유도하고, 실제 자신은 파이널 터치를 기다리며 수비합니다. 이 경우에는 기본적으로 드래그 드리블+벗어나는 드리블 자세를 유지하면서, 드래그 드리블로 수비수의 진짜 의도를 한 번 더 확인하고 빠르게 페이크를 추가함으로써 수비수의 타이밍을 뺏는 방법으로 대응해야 합니다.

중학교, 고등학교, 성인 무대에서도 드리블로 살아남고 싶다면 이 네 가지 수비 방법을 제대로 이해하고 그에 맞는 드리블 대응법을 갖추고 있어야 합니다. 기술은 많을 필요가 없습니다. 수비를 읽고, 가장 효과적인 드리블을 '꺼낼 수 있는 능력'이 핵심입니다. "메시가 시저스 페이크를 즐겨 쓰던가요? 호날두가 바디 페이크를 자주 쓰던가요?" 결국 중요한 건 자신의 플레이 스타일에 맞는 페이크 동작이 무엇인지 알고, 그것을 결정적인 순간에 꺼내 쓸 수 있는 능력입니다. 드리블은 흉내가 아니라 수비를 이해하고 거기에 맞는 드리블을 '끄집어 낼 수 있는 힘'입니다.

네 번째: "드리블은 절대 목적이 되어서는 안 된다."

먼저 제가 정리한 드리블 공식 하나를 기억해 두셔야 합니다. "드리블은 절대 드리블로 끝나면 안 된다. 항상 볼을 보내는 기술인 패스나 슈팅으로 연결되어야 한다." 만약 축구가 골대가 없는 스포츠이고 더 오래 볼을 소유한 팀이 승리하는 경기였다면, 굳이 패스나 슈팅을 하지 않아도 됩니다. 드리블이 드리블로만 끝나도 상관없습니다. 하지만 축구에는 골대가 존재하고, 볼을 그 골대 안으로 넣는 것이 게임의 본질입니다. 혼자서 드리블로 수비수와 골키퍼 모두를 제친 뒤 골을 넣을 수 있는 확률은 사실상 0에 가깝습니다. 따라서 드리블은 항상 패스 또는 슈팅으로 이어져야 합니다. 만약 상대 팀 골대 쪽에 슈팅하기 더 좋은 각도와 더 넓은 공간을 확보하고 있는 팀 동료가 있고, 그 동료에게 패스할 수 있는 '패스 라인'까지 확보되어 있다면 패스를 먼저 생각해야 합니다. 하지만 수비수들은 자신의 골대 쪽에 가까워지면 가까워질수록, 볼을 소유한 공격수에게 더 타이트한 압박을 가합니다. 이때 우리는 드리블이라는 기술로 패스나 슈팅을 할 수 있는 '공간'과 '타이밍'을 확보해야 합니다. 정리하자면 드리블은 내 플레이의 '최종 목표'가 아니라, 패스나 슈팅이라는 목적을 이루기 위해 거쳐 가는

'수단'으로 이해해야 합니다. 이 내용을 축구 공식으로 정의한다면 다음과 같습니다.

    드리블 + 드리블 = ×
    드리블 + 패스 = ○
    드리블 + 슈팅 = ○

잘 아시겠지만 개념을 이해한다고 해서 곧바로 행동으로 이어지는 것은 아닙니다. 이해는 시작일 뿐 실제로 몸에 익히기 위해서는 반복적인 훈련과 경험이 필요합니다. 그래서 저는 개념 설명에 그치지 않고, 드리블 훈련 안에서 자연스럽게 패스나 슈팅으로 연결되는 흐름이 포함되도록 훈련 프로그램을 구성하고 있습니다. 만약 드리블을 개인 훈련으로 연습하고 계시다면, 드리블 후 파이널 터치를 하고 곧바로 패스나 슈팅으로 마무리하는 연습까지 함께 해 보시길 권합니다. 드리블은 그 자체로 끝나는 기술이 아니라 패스나 슈팅과 같은 '볼을 보내는 기술'을 수행하기 위한 준비 동작이기 때문입니다.

다섯 번째: "드리블 분류표"

축구 경기 중에 등장하는 대부분의 드리블은 다음 〈드리블 분류표〉 안에 포함됩니다. 드리블을 단순히 '볼과 함께 이동하는 기술'이나 '수비수를 돌파하는 기술'로만 이해한다면, 실전에서 분명히 한계를 느끼게 될 것입니다. 왜냐하면 경기 중에는 반드시 "지금 이 상황에서 어떻게 드리블해야 하지?"라는 질문과 마주하게 되기 때문입니다. 그래서 저는 드리블을 '경기 상황에 따라 다르게 선택하고 활용해야 하는 기술'로 정의합니다. 단순히 많이 연습한 드리블 기술을 경기 중에 무작정 사용하는 것은 '무모한 행동'입니다. 축구를 처음 배울 때부터 드리블의 기본 체계를 이해하고, 가장 먼저 '이동 드리블'과 '돌파 드리블'이라는 큰 분류를 인식한 다음, 그 아래 세분화된 드리블의 개념을 차근차근 실전 경험과 함께 쌓아 가야 합니다. 이러한 방식으로 드리블을 학습할 때 몸과 머리, 신체와 정신, 실습과 이론이 함께 성장할 수 있는 최선의 교육이라 생각합니다.

    제가 정리한 〈드리블 분류표〉는 '어떤 상황에서 어떤 드리블을 선택해야 하는지'를 기준으로 정리한 것입니다. 분류표 안에 포함되는 드리블 기술 하나하나에 대한 자세한 설명은 다음 챕터에서 본격적으로 소개해 드리겠습니다. 〈드리블 분류표〉에서는 다음을 꼭 기억해야 합니다. 드리블은 경기 상황, 특히 수비수의 수비 방법이나 간격, 움직임 등에 따라 다르게 선택해야 하는 기술입니다. 모든 상황을 해결할 수 있는 완벽한 드리블 기술은 존재하지 않습니다. 그렇기에 〈드리블 분류표〉에 포함된 다양한 기술들을 골고루 익히고, 실제 경기에서 상황에 맞게 선택하고 수행할 수 있어야 합니다.

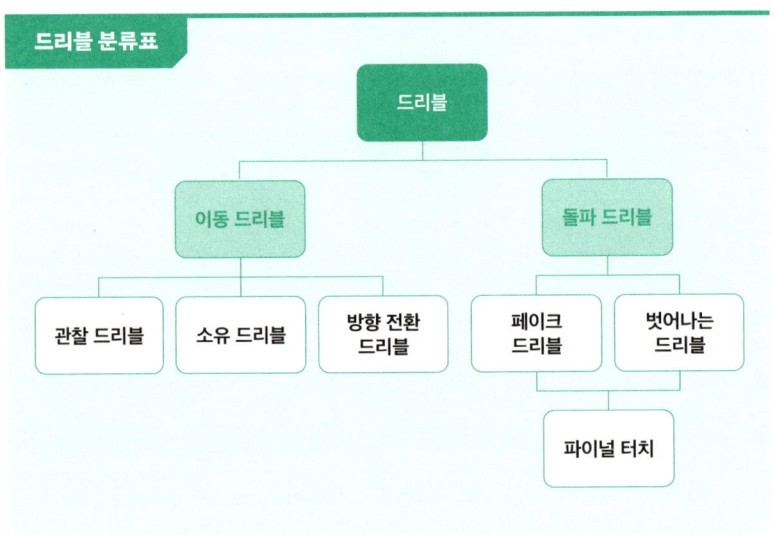

축구의 기본 기술 – 드리블 2

12

앞에서 제가 생각하는 〈드리블 분류표〉를 소개해 드렸습니다. 물론 이 분류표에 포함된 명칭들은 축구계의 공식 용어나 통일된 용어가 아닙니다. 지도자마다 표현 방식이 다를 수 있고, 같은 동작을 각기 다른 이름으로 부를 수도 있습니다. 하지만 저는 유소년 선수들이 이름만 듣고도 그 기술의 동작과 사용 상황을 직관적으로 떠올릴 수 있도록 최대한 단순하고 명료한 단어를 골라 정리하고자 했습니다.

이제부터는 드리블을 구성하는 두 가지 큰 축인, '이동 드리블'과 '돌파 드리블'에 대한 개념부터 짚고 넘어가겠습니다. 아마 눈치채신 분도 계시겠지만 이동 드리블과 돌파 드리블은 특정한 기술을 가리키는 말이 아닙니다. 이 둘은 어떤 상황에서 어떤 드리블을 선택할지 판단하는 기준이자, 드리블을 바라보는 생각의 틀입니다. 그래서 이 두 축을 먼저 이해해야 경기 중의 어떤 상황에 어떤 드리블 기술을 사용해야 할지 빠르게 판단할 수 있습니다.

과거에는 이동 드리블이든 돌파 드리블이든 한 가지만 잘해도 프로 무대까지 오를 수 있었습니다. 예를 들어 볼을 지키며 팀의 전진을 이끄는 선수나 수비수를 돌파해 슈팅이나 킬 패스를 만들어 내는 선수처럼 특정한 강점 하나만 있어도 충분히 인정받는 시대였습니다. 하지만 지금은 시대가 달라졌습니다. 이제는 이동 드리블과 돌파 드리블을 모두 수행할 수 있는 선수가 훨씬 더 높은 가치를 인정받는 시대가 된 것입니다. 그 이유는 분명합니다. 단 하나의 기술, 단 하나의 능력만으로는 더 이상 차별화되지 않는 시대가 온 것입니다. 실제로 유럽 리그 상위권 팀들을 살펴보면, 팀 내 핵심 선수들은 특정한 드리블 유형 하나에만 의존하지 않습니다. 상황에 따라 이동 드리블과 돌파 드리블을 모두 적절히 활용할 수 있는 선수들이 경기의 흐름을 주도하고 있습니다. 이를 뒷받침하듯 최근 시즌 주요 리그 통계를 살펴보면 다음과 같은 경향이 나타납니다.

1) 2024/25 시즌 프리미어리그 기준, 경기당 드리블 성공 횟수 상위 10명 선수들은 Progressive Carries(볼 전진 운반)에서도 리그 평균보다 약 두 배 이상 높은 수치를 기록합니다.
2) 이 상위권 선수들은 Dribbles Completed(성공한 돌파 드리블)에서도 대부분 높은 수치를 보이며, 공을 '운반해 전진하는 능력'과 '수비를 돌파하

는 능력'을 동시에 갖춘 선수들로 평가됩니다.

(출처: FBref.com, Premier League 2024/25 Dribble & Carry Stats)

위 데이터를 바탕으로 앞으로 5~10년 뒤의 축구는 어떨지 상상해 보시기 바랍니다. 이동 드리블과 돌파 드리블, 두 가지 모두를 자유롭게 구사할 수 있는 선수는 더 높은 확률로 프로 무대에 진입할 수 있을 것입니다. 그리고 더 높은 가치를 인정받게 될 것입니다. 지금 유소년 축구 선수들이 반드시 이 두 가지 드리블을 모두 습득해야 하는 이유가 바로 여기에 있습니다. 이강인 선수의 성장 과정은 이 메시지를 더욱 실감하게 해 줍니다. 그는 발렌시아에서 마요르카로 이적하기 전까지, '이동 드리블'에 특화된 선수로 평가받았습니다. 좁은 공간에서도 볼을 안정적으로 지켜 내며, 자신의 볼 소유 능력으로 만들어 낸 빈 공간으로 침투하는 동료에게 날카로운 킬 패스를 보내는 경기 조율 능력이 뛰어났습니다. 하지만 볼을 오래 소유하다 보니 팀 공격의 속도가 느려진다는 지적도 많았고, 역습 상황에서는 위협적인 속도와 직선적 돌파가 부족하다는 평가를 받기도 했습니다. 여러 요인이 있었겠지만, 발렌시아가 유소년 시절부터 공들여 키워 온 프랜차이즈 선수를 자유 이적으로 마요르카에 내보낼 수밖에 없었던 핵심 배경에는 팀 색깔과 이강인 선수의 플레이 스타일 사이에 존재하는 간극이 자리하고 있었습니다. 과거 발렌시아는 FC 바르셀로나에 비해 완성도는 다소 떨어지지만, 주도적인 공격 전개와 '지공' 중심 플레이를 고수하던 팀이었습니다. 당시만 해도 스페인 프리메라리가에서 꾸준히 UEFA 챔피언스리그 진출권을 다투던 상위권 팀이었죠. 그러나 구단주 교체, 감독 경질, 핵심 선수들의 이탈 등 악재가 겹치면서 팀은 점차 '역공' 중심 전환 축구로 방향을 틀게 되었습니다. 결국 빠르고 직선적인 공격을 중시하게 된 팀 전술은, 정교한 볼 소유로 흐름을 조율하던 이강인 선수의 스타일과 어긋났고 이런 괴리는 자유 이적이라는 결별로 이어졌습니다. 마요르카 이적 이후, 이강인 선수는 변하기 시작했습니다. 출전 기회를 얻기 위해서는 자신의 한계를 인정하고 새로운 무기를 장착해야 한다는 것을 누구보다 잘 알고 있었기 때문입니다. 사실 마요르카 역시 스페인 프리메라리가에서 강등권 싸움을 벌이던 팀이었습니다. 그런 만큼, 발렌시아와 마찬가지로 '지공'보다는 수비를 탄탄하게 한 뒤 볼 탈취 이후 빠르게 공격으로 전환하는 '역공' 중심의 플레이 스타일을 추구하고 있었습니다. 앞서 언급한 것처럼, 이강인 선수는 마요르카에서 자신의 약점으로 지적되던 '돌파 드리블' 능력을 집중적으로 보완해 나갔습니다. 점점 더 직선적인 움직임을 시도했고, 박스 근처에서의 도전적인 플레이도 자주 보여 주기 시작했습니다. 그는 더 이상 볼을 지키는 데에만 능한 선수가 아니었습니다. '수비수로부터 볼을 지키는 드리블(이동 드리블)'과 '수비수를 직접 돌파해 나가는 드리블(돌파 드리블)'을 모두 수행할 수 있게 되자, 경기장에서의 존재감은 전혀 다른 수준으로 올라섰습니다. 결국 마요르카는 그를 자유계약으로 영입한 지 불과 2년 만에, 약

314억 원(2,200만 유로)의 역대 최고 이적료를 받고 파리 생제르맹으로 이적시켰습니다. 이 이적은 단순한 커리어 상승의 사례가 아닙니다. 이강인 선수가 이동 드리블과 돌파 드리블, 두 가지 형태의 드리블을 모두 갖춘 드리블러로서 시대가 요구하는 자격을 스스로 증명한 결과였습니다. 이제 우리는 이강인 선수가 보여 준 변화를 통해 분명한 교훈을 얻을 수 있습니다. "드리블은 상황에 따라 '이동 드리블'과 '돌파 드리블'로 나뉘며, 두 가지 모두를 균형 있게 갖춰야 완성형 선수로 성장할 수 있다."

앞서 말씀드렸듯이 드리블은 단순히 볼을 몰고 가는 행위가 아닙니다. 경기 상황과 목적에 따라 드리블의 성격과 역할은 완전히 달라집니다. 그래서 저는 축구를 배우는 분들께 드리블을 보다 쉽게 이해하고 실전에 적용할 수 있도록 '이동 드리블'과 '돌파 드리블'이라는 두 가지 유형으로 나누어 지도하고 있습니다. 이 구분은 단순히 용어를 나누는 데 그치지 않습니다. 선수가 경기 흐름을 읽고, 가장 적절한 기술을 선택할 수 있도록 돕는 핵심 기준입니다. 이제부터는 '이동 드리블'과 '돌파 드리블'은 어떻게 다른지 두 가지 드리블의 개념을 소개해 드리겠습니다.

이동 드리블이란?

"수비수들을 자신 쪽으로 유도하고 시선을 집중시켜, 빈 공간을 만들어 낸 뒤 팀이 그 공간을 활용해 전진할 수 있도록 공격을 디자인하는 기술"

이 한 문장 속에는 이동 드리블이 지닌 기술적 가치와 전술적 가치가 모두 담겨 있습니다. 이동 드리블은 단순히 볼을 지켜 내는 기술이 아닙니다. 팀 전체의 전진을 설계하는 '커맨더' 역할을 수행하는 기술입니다. 주로 공격 방향 선택 및 전환, 짧은 패스를 활용한 빌드업, 좌우 측면의 빈 공간 활용 등 다양한 상황에서 사용되며 '돌파 드리블'에 비해 상대적으로 수평적인 흐름의 플레이로 이어지는 경우가 많습니다. 즉 단순한 볼 운반이 아닌, 경기 상황을 읽고 판단하는 '축구 지능'과 깊이 연결된 핵심 기술이라 할 수 있습니다. '이동 드리블'이 효과적으로 사용되는 대표적인 장면은 다음과 같습니다.

예시 1 미드필더의 방향 전환 드리블을 통한 측면 공격 전개

미들 지역 오른쪽에서 미드필더가 수비수의 압박을 받는 상황에서 등을 진 채로 패스를 받습니다. 이때 그는 소유 드리블을 통해 볼을 안정적으로 지켜 내면서 상대 수비수들의 시선을 자신의 방향으로 끌어옵니다. 그 순간 방향 전환 드리블로 반대쪽 공간을 빠르게 인지하고, 왼쪽 측면에서 오버래핑하는 사이드백에게 정확한 뒷공간 패스를 연결합니다.

이 장면은 단순한 볼 보호를 넘어, 상대 수비를 끌어당기고 방향을 전환하여 새롭게 만들어진 빈 공간으로 공격을 전개해 나가는 전형적인 이동 드리블 활용 장면입니다.

예시 2 센터백의 관찰 드리블로 압박을 무력화하는 빌드업

센터백이 골키퍼로부터 패스를 받아 수비 지역에서 빌드업을 시작합니다. 상대 팀은 전방 압박보다는 미들 지역 압박을 준비한 상태입니다. 센터백에게 직접적인 압박을 가하지는 않지만, 그가 패스를 시도할 미드필더들에게는 촘촘히 압박 포지션을 형성하고 있습니다. 이때 센터백은 '관찰 드리블'을 통해 천천히 전진하며, 빈 공간으로 볼을 운반하면서 상황을 살핍니다. 결국 가장 가까운 수비수가 압박하게 되고, 그로 인해 원래 압박받던 미드필더는 순간적으로 '솔로 상태', 즉 자유로운 상태가 되어 패스 라인을 확보합니다. 센터백은 이 타이밍을 놓치지 않고, 곧바로 솔로 상태인 미드필더에게 정확한 전진 패스를 연결합니다.

이 장면은 관찰 드리블을 통해 상대의 압박을 유도하고, 공간을 창출한 뒤 결정적인 패스를 완성하는 이상적인 이동 드리블 사례입니다. 특히 주목할 점은 팀 공격의 출발점이 미드필더가 아닌 센터백의 이동 드리블에서 비롯되었다는 사실입니다.

자 이제 '돌파 드리블'의 개념에 접근해 보겠습니다.

돌파 드리블이란?

"필요 시 페이크 모션을 추가해서 압박하는 수비를 벗어난 뒤, 창조된 공간과 타이밍 안에서 킬 패스나 슈팅 등 골과 직접적인 공격 기회를 만들어 내는 기술"

이 정의만 보더라도, 돌파 드리블은 주로 센터포워드나 윙포워드처럼 공격 라인에서 활동하는 선수들이 사용하는 기술이라는 걸 떠올릴 수 있습니다. '이동 드리블'에 비해 더 수직적인 흐름으로 이어지며, 다음 플레이는 슈팅, 킬 패스, 크로스 등 골과 직접 연결되는 결정적인 기술로 연결됩니다. 어쩌면 돌파 드리블은 공격 지역에서 활약하는 공격수나 미드필더들의 전유물처럼 느껴질 수도 있습니다. 물론 실제 경기에서는 이들 포지션에서 사용 빈도가 높은 것이 사실입니다. 하지만 저는 센터백, 사이드백 등 수비 라인 선수들 또한 돌파 드리블을 수행할 수 있어야 한다고 생각합니다. 왜냐하면, 현대 축구는 더욱 빠르고 강하게 진화하고 있기 때문입니다. 스포츠 과학이 발전하면서 선수들은 더 빠르게 움직이고, 더 많은 활동량을 소화할 수 있게 되었습니다. 또한 전술적 정교함이 높아지면서 수비수들 간의 간격 조정, 커버 플레이, 압박 타이밍 등으로 인해 볼을 소유한 선수는 더욱 강한 압박에 직면하게 됩니다. 이제는 모든 포지션의 선수들이 수비 압박을 스스로 벗어날 수 있는 능력, 즉 돌파 드리블 능력을 갖추는 것이 필수가 되었습니다. 수비수라고 해도 자신을 압박해 오는 공격수를 돌파 드리블 한 번으로 벗겨낸다면, 그 한 번의 돌파가 상대 팀 전체의 압박 구조를 무너뜨리는 도미노의 시작점이 될 수 있습니다. 그 순간부터 우리 팀은 수적 우위를 바탕으로 주도권을 쥘 수 있습니다. 센터백이라 해도 안전한 패스를 선택하기 어려운 급박한 상황에서는 상대 공격수가 '덤비는 수비'를 시도할 때, '벗어나는 드리블'로 압박을 벗어날 수 있어야 합니다. 사이드백이라 해도 오버래핑을 통해 미들 지역 또는 공격 지역으로 전진했을 때, 마치 자신이 윙포워드가 된 것처럼 수비수를 돌파한 뒤 슈팅이나 크로스로 연결할 수 있는 능력이 요구됩니다. 센터백과 사이드백이 돌파 드리블을 사용하는 사례에 이어 대표적인 '돌파 드리블' 장면을 정리해 드리겠습니다.

예시1 윙포워드의 페이크 드리블로 수비수 돌파

오른쪽에서 왼쪽으로 방향 전환 드리블에 성공한 미드필더로부터, 왼쪽 윙포워드가 패스를 받습니다. 곧바로 상대 팀 사이드백과 일대일 상황이 만들어집니다. 수비수는 자신을 커버해 줄 동료가 없다는 상황을 인지하고, '기다리는 수비'를 선택합니다. 이를 눈치챈 윙포워드는 자신의 파이널 터치를 예측하기 어렵도록 두 번의 시저스 페이크 동작을 구사합니다. 수비수와의 거리가 약 1~1.5m로 좁혀졌을 때, 윙포워드는 오른발 아웃사이드로 파이널 터치를 시도하며 안으로 치고 들어갑니다. 이어서 파 포스트를 향해 인프런트 슈팅을 시도했고, 이는 결국 골로 연결됩니다. 센터백의 커버 타이밍이 미세하게 늦어졌기 때문에, 그 한 번의 파이널 터치 이후 슈팅이 골로 직결될 수 있었습니다.

예시 2 공격형 미드필더의 벗어나는 드리블로 압박 탈출

공격형 미드필더가 하프라인 부근에서 사이드백으로부터 패스를 받습니다. 볼을 받기 전부터 좋은 바디 포지션을 갖추고 있었기 때문에, 전방을 바라본 상태로 자연스럽게 패스를 받을 수 있었습니다. 사이드백으로부터 볼이 굴러올 때 그는 자신을 마크하고 있던 수비수가 서서히 압박해 오고 있다는 낌새를 눈치챘습니다. 볼을 제자리에서 컨트롤하자마자, 수비수는 예상대로 '덤비는 수비'로 볼 탈취를 시도합니다. 하지만 전방을 바라보는 바디 포지션 덕분에 수비수의 움직임을 미리 감지하고 있었던 미드필더는 주발인 오른발 아웃사이드를 이용해 '벗어나는 드리블'을 시도하며 압박을 가볍게 벗어납니다. 곧이어 뒷공간으로 빠르게 침투하던 윙 포워드를 향해 정확한 뒷공간 패스를 연결합니다.

드리블이라는 기술은 참 재미있는 기술입니다. 현장에서 드리블을 가르치다 보면, 아이가 기술적으로 성장하는 것은 물론이고 그 과정을 통해 인격적으로도 한층 성숙해지는 모습을 종종 보게 됩니다.

이동 드리블은 '생각하는 법'을, 돌파 드리블은 '도전하는 법'을 배우는 과정입니다. 아이들이 이 두 가지 드리블을 익혀 간다는 것은 단지 경기에서 잘 통하는 기술을 배우는 것뿐만 아니라, 인생의 중요한 선택의 순간마다 '올바르게 판단할 힘'과 새로운 상황에 '용기 있게 도전할 태도'를 함께 길러 간다는 의미를 담고 있습니다. 비록 축구 기술을 다루는 책이지만, 이 기술을 배우는 과정 속에서 한 아이의 삶 전체에 작지만 깊은 변화를 만들어 낼 수 있기를 바라는 마음입니다.

"축구를 통해 인생을 배웁니다."

축구의 기본 기술 - 드리블 3

13

프로축구 선수들의 연봉 순위를 보면 대부분의 상위권은 공격수들이 차지하고 있습니다. 그 이유는 분명합니다. 공격수는 '득점'이라는 가장 직접적인 성과와 연결된 포지션이기 때문입니다. 그런데 여기에 또 하나의 공통점이 있습니다. 바로 이 선수들 대부분이 뛰어난 드리블 능력을 갖추고 있다는 점입니다. 다시 말해 드리블은 그 자체로 희소성이 높은 기술이며, 그래서 더욱 높은 가치를 인정받는 기술입니다.

아마 그래서일지도 모릅니다. 지도자로서 제가 가장 깊이 고민하고, 가장 효과적으로 가르치고 싶어 하는 기술 역시 '드리블'입니다. 패스, 슈팅, 볼 컨트롤 등 다른 기본 기술들은 한 챕터 내에서 충분히 정리할 수 있지만, 드리블만큼은 하나의 챕터로 다루기엔 부족합니다. 실제 훈련에서 적용할 내용도 많기 때문에 이 책

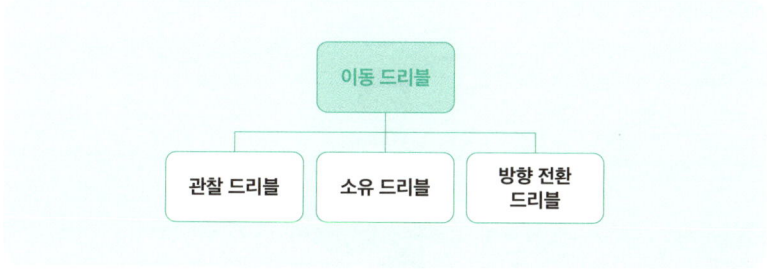

에서는 드리블을 3개의 챕터로 나누어 집중적으로 다루었습니다. 앞에서 '이동 드리블'과 '돌파 드리블'의 개념을 배웠다면, 이제부터는 그 각각을 구성하는 구체적인 드리블 기술들을 하나씩 살펴보겠습니다.

먼저 이동 드리블을 구성하고 있는 '관찰 드리블', '소유 드리블' 그리고 '방향 전환 드리블'입니다.

1. 관찰 드리블

관찰 드리블은 선수가 볼을 소유했을 때, 상대 수비수들이 직접적인 압박을 가하지 않는 상황에서 주로 사용됩니다. 수비수들은 볼 소유자에게 일부 공간을 의도적으로 허용한 채, 그로부터 시작되는 패스를 차단하거나 압박하기 위해 '기다리고' 있는 상태입니다. 이때 수비수가 사용하는 방식은 앞에서 다룬 '기다리는 수비'와 동일합니다. 이러한 상황에서 볼 소유자는 곧바로 패스를 선택

관찰 드리블

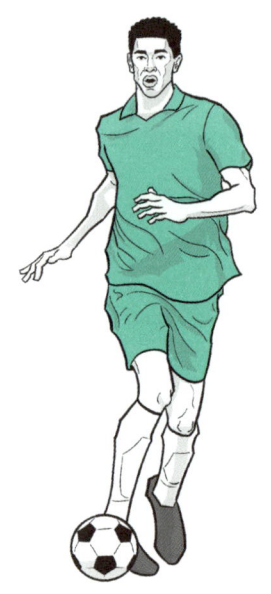

해서는 안 됩니다. 만약 수비수가 예상한 대로 패스를 하게 되면, 그 패스는 인터셉트될 가능성이 높고 패스를 받은 팀 동료 역시 강한 압박에 직면해 어려운 상황에 놓일 수 있기 때문입니다. 이러한 상황에서 유용한 기술이 바로 '관찰 드리블'입니다.

볼 소유자가 관찰 드리블을 통해 빈 공간으로 이동하면, 수비수들은 새로운 볼 위치를 중심으로 수비 위치를 조정할지, 압박을 시도할지 다시 판단해야 합니다.

저는 축구의 이런 장면들을 볼 때마다 마인드 게임인 '체스'를 떠올리곤 합니다. 체스에서도 한 플레이어가 겉보기에는 별 의미 없어 보이는 한 수를 둘 때가 있습니다. 하지만 그 수는 단순한 말의 이동이 아닙니다. 상대의 반응을 유도하고, 다음 흐름을 읽기 위한 '관찰의 수'입니다. 관찰 드리블 역시 마찬가지입니다. 볼을 한 번 터치할 때마다 체스에서 한 수를 두듯 그 순간마다 상황이 어떻게 바뀌는지 예리하게 관찰해야 합니다.

관찰 드리블은 주로 발바닥, 인사이드, 아웃사이드를 사용해 좌우로 이동하고, 인스텝으로는 전방으로 이동합니다. 이때 중요한 것은 발로 볼을 세밀하게 다루는 동시에 수비수의 움직임을 시선으로 관찰하는 일입니다. 만약 관찰 드리블을 하는 동안 수비수가 유도되어 점차 자신 쪽으로 다가온다면, 그 수비수가 원래 마크하던 팀 동료는 마크에서 벗어난 '솔로 상태'가 됩니다. 이때 곧바로 그 팀 동료에게 패스를 시도하기보다는 다가오는 수비수를 기준으로 좌우로 볼을 이동시킨 다음, 더 넓은 패스 라인을 확보한 뒤 패스하는 것이 패스 미스를 줄이는 데 효과적입니다. 패스를 받는 동료 역시 위치를 조정하고 콜(Call)과 제스처(Gesture)로 의사 표현을 분명히 해야 합니다.

한편 관찰 드리블을 하는 도중에도 수비수가 자신이 맡은 선수를 고정적으로 마크하고 있다면, 마치 땅따먹기처럼 빈 공간을 빠르게 점유하려는 도전적인 드리블이 필요합니다.

현대 축구에서는 감독의 수비 전술에 따라 최전방부터 '대인 방어'를 할 수도 있고, '지역 방어'를 할 수도 있습니다.

하지만 감독의 전술 지시와 별개로 수비수 개인은 상황에 따라 볼 소유자에게 직접 압박을 가할지, 아니면 라인 간격을 유지하며 공간을 방어할지를 스스로 판단해야 합니다.

따라서 볼 소유자는 자신에게 가장 근접한 수비수가 '사람을 막는지' 혹은 '공간을 막는지'를 관찰 드리블을 통해 파악해야 합니다. 이렇게 수집된 정보를 바탕으로 볼 소유자는 계속해서 드리블을 이어갈지, 아니면 패스를 선택할지를 결정하게 됩니다. 지금까지 다룬 '관찰 드리블' 내용을 간단히 정리해 보겠습니다.

관찰 드리블 정리

1) 사용 상황: 수비수의 직접적인 압박이 없고, 수비수가 일부 공간을 내주며 '기다리는 수비'를 선택한 경우
2) 핵심 목적: 성급한 패스를 자제하고, 수비의 반응을 유도하며 다음 플레이를 위한 정보를 수집
3) 기술적 특징: 좌우는 발바닥·인사이드·아웃사이드, 전방은 인스텝을 활용
4) 전술적 효과: 수비수를 유도해 팀 동료를 '솔로 상태'로 만들고, 앞 라인 동료들에게 더 넓은 공간 제공
5) 중요 포인트: 상대의 수를 보면서 자신의 수를 선택한다는 점

2. 소유 드리블

'소유 드리블'은 말 그대로 볼의 소유권을 지켜 내는 드리블입니다. 단순히 볼을 갖고 있는 데서 그치지 않고, 상대의 압박을 버텨 내며 플레이의 흐름을 유리하게 끌고 갈 수 있는 시간과 공간을 확보하는 기술입니다. 이 기술을 가장 잘 보여 주는 국내 선수가 바로 이강인 선수입니다. 그의 플레이를 보면 세 가지를 동시에 수행하는 것을 확인할 수 있습니다.

1) 발로 볼을 다룬다.
2) 팔과 디딤발로 수비를 막는다.
3) 눈으로 경기 상황을 읽는다.

소유 드리블

이 세 가지를 동시에 수행할 수 있다면 개인 기술을 발휘하는 것을 넘어 팀 경기력의 중심축이 되는 선수로 성장할 수 있습니다. 이강인 선수는 스페인 유스 시스템을 온전히 경험하는 동안 압박 속에서도 플레이하는 능력을 자연스럽게 익혔습니다. 스페인 유소년 팀의 훈련 목표는 언제나 "경기 안에서 자신들의 플레이를 완성하는 것"에 있습니다. 결과는 그 플레이에 뒤따라오는 자연스러운 보상일 뿐입니다. 이들은 '축구는 상황 해결의 스포츠'라는 관점에서 압박이 있는 상태에서의 플레이 능력을 기본으로 삼습니다. 반면, 한국 유소년 축구 현장에서는 '빨리빨리' 문화의 영향으로 소유보다는 빠른 패스, 전환보다는 전진에 초점을 맞추는 경향이 강합니다. 그러다 보니 한국 유소년 축구 선수들은 수비 압박을 감내하고 경기를 안정적으로 풀어나갈 수 있는 소유 드리블 능력이 부족한 경우가 많습니다. 하지만 우리가 기억해야 할 것은 축구는 상호작용 스포츠라는 점입니다. 축구는 상대와 끊임없이 부딪히며, 반응해야 하는 경기입니다.

수비수가 2미터 안쪽까지 접근해 왔다면 팔과 어깨, 골반 등을 이용해 몸싸움을 걸어오고, 양발을 자유롭게 쓰면서 볼을 빼앗으려고 합니다. 이때 중요한 건 단순히 압박을 피하는 것이 아니라, 그 압박 속에서도 볼을 지키며 경기를 이어 나갈 수 있는 능력입니다. 그 중심에 있는 기술이 바로 '소유 드리블'입니다. 소유 드리블은 속도를 조절하고, 동료들의 움직임을 이끌어 내며, 공격을 전개해 나갈 수 있는 빈 공간을 창출해 냅니다. 펩 과르디올라 감독이 말한 "빠르게 공격하면, 볼은 빠르게 돌아온다"는 말처럼, 무작정 빠른 공격은 오히려 역습을 자초할 수 있습니다. 상황에 따라 속도를 조절하고, 플레이를 잠시 멈추며 준비할 수 있어야 합니다. 이때 필요한 것이 바로 '소유 드리블'입니다. 결국 소유 드리블은 단순한 볼 소유를 넘어 압박을 통제하고 경기 흐름을 주도하는 능동적인 기술이며, 한국 축구가 다음 단계로 나아가기 위해 반드시 키워야 하는 드리블 기술 중 하나입니다.

소유 드리블 정리

1) 사용 상황: 2~3m 내 상대 수비가 압박을 시작할 때, 어중간한 위치의 볼을 자신의 것으로 만들어야 할 때
2) 핵심 목적: 압박에 버텨내면서 볼 소유권을 지키고, 상대가 압박해 온 만큼 생겨난 빈 공간 활용
3) 기술적 특징: 발의 세밀한 터치 + 팔과 상체를 활용한 압박 견제 + 시야 확보 → 발+ 상체+ 시야를 동시에 사용하는 복합 기술
4) 전술적 효과: 공격 속도를 조절하고, 동료 움직임을 기다리며, 수비를 유도해 빈 공간을 창출
5) 중요 포인트: 상대의 강한 압박을 이겨내고, 새롭게 생겨난 빈 공간을 통해 팀의 공격을 주도하는 기술

3. 방향 전환 드리블

'방향 전환 드리블'은 수비수의 압박 방향과 반대 방향으로 빠르게 이동하며 공간을 창출하는 기술입니다. 공격수가 볼과 함께 이동하는 도중에 갑작스럽게 방향을 바꾸면, 같은 방향으로 달리던 수비수는 '역방향'에 걸려 순간적으로 중심을 잃게 됩니다. 이 짧은 순간이 공격수에게 패스나 슈팅을 시도할 수 있는 결정적인 공간과 타이밍을 제공합니다. 다만 이 기술이 효과를 발휘하기 위해서는 수비수가 일정한 속도로 압박해 오는 상황, 즉 공격수와 같은 방향으로 따라붙고 있어야 합니다. 그렇기에 방향 전환 드리블을 시도하기 전, 수비수의 움직임과 압박의 '낌새'를 읽는 능력이 먼저 뒷받침되어야 합니다. 수비수가 거리를 두고 기다리고 있는 상황이라면 방향을 전환하더라도 충분한 이득을 얻기 어렵습니다. 이 상황에서는 불필요한 방향 전환보다 원래 방향으로 드리블을 이어 가는 것이 가장 실용적인 선택입니다.

이 기술의 핵심은 타이밍과 속도입니다. 수비수가 압박해 들어오는 순간, 그 반대 방향으로 방향을 바꿔야 효과가 극대화됩니다. 특히 수비수가 나와 나란히 달리며 동일 선상에 도달하는 바로 그 순간에 방향을 전환하는 것이 가장 효과적입니다. 많은 선수들이 방향 전환 드리블 이후, 수비수의 반응을 먼저 확인한 뒤 다음 행동을 결정하려고 합니다. 하지만 이렇게 잠시라도 주저하는 사이, 수비수는 중심을 되찾고 다시 따라붙을 수 있습니다. 따

방향 전환 드리블

라서 방향을 바꿨다면 곧바로 수비수의 수비 범위에서 벗어나야 합니다.

선수들이 종종 이런 질문을 합니다. "감독님, 방향을 바꿔 달려 나갔는데 수비수가 다시 쫓아오면 어떻게 하죠?" 이런 상황에서는 한 번 더 방향 전환 드리블을 시도하면 됩니다. 수비수가 가속도를 높여 따라오는 순간일수록, 두 번째 방향 전환은 그 가속도를 역이용해 더 큰 '역방향 충격'을 줄 수 있습니다. 즉 수비수의 속도를 되려 이용해 중심을 무너뜨리기 더 쉬워지는 것입니다. 만약 방향 전환 드리블을 시도했음에도 수비수가 예측하고 따라붙었다면 당황할 필요 없습니다. 우리에게는 이미 배운 '소유 드리블'이 있습니다. 방향을 바꿨지만 타이밍을 만들지 못했다면, 그 순간부터는 다시 볼을 지키며 흐름을 조절하면 됩니다. 예를 들어, 수비수가 내 옆에 바짝 붙어 따라오는 상황에서 단순한 방향 전환만으로는 탈압박이 어려울 수 있습니다. 이럴 땐 방향을 바꾸자마자 곧바로 팔과 몸, 디딤발을 활용해 압박을 견디는 소유 드리블로 전환해야 합니다.

정리하자면, 관찰 드리블, 소유 드리블, 방향 전환 드리블과 같은 '이동 드리블'은 돌파 드리블과는 본질적으로 다른 성격의 기술입니다. 돌파 드리블이 공격수가 주도적으로 이동 방향을 선택하는 '액션 중심'의 기술이라면, 이동 드리블은 수비수의 움직임에 반응하여 방향을 조절하는 '리액션 중심'의 기술입니다. 그렇기에 이동 드리블은 수비수의 압박에 더 민감하게 반응하며, 그 반대 방향이나 빈 공간으로 빠져나오는 판단력과 타이밍이 핵심입니다. 정리하면, 볼을 이동시키는 것뿐만 아니라 상대의 압박을 역이용해 공간을 만들고, 볼 소유권을 유지하며, 팀의 공격 전술을 디자인하는 전략적 기술이라 할 수 있습니다.

방향 전환 드리블 정리

1) 사용 상황: 수비수가 빠르게 압박해 들어올 때, 그 반대 방향으로 탈압박이 필요한 상황
2) 핵심 목적: 수비수의 압박을 역이용해 타이밍과 공간을 창출하는 것
3) 기술적 특징: 빠른 방향 전환→ 수비수의 역방향 유도→ 탈압박 또는 소유 드리블로 전환
   (예: 수비수가 왼쪽에 붙어 있다면, 오른발로 볼을 다루며 오른발 아웃사이드, 발바닥, 왼발 인사이드로 연계)
4) 전술적 효과: 수비수의 중심을 무너뜨려 다음 동작(드리블, 패스, 슈팅)의 결정적인 타이밍을 확보
5) 중요 포인트: 수비수의 압박 확인 후 방향을 바꿨다면, 수비수의 반응을 살피기보다 빠르게 탈압박 시도 전환 및 수비수 위치에 따라 소유 드리블로의 전환 필요

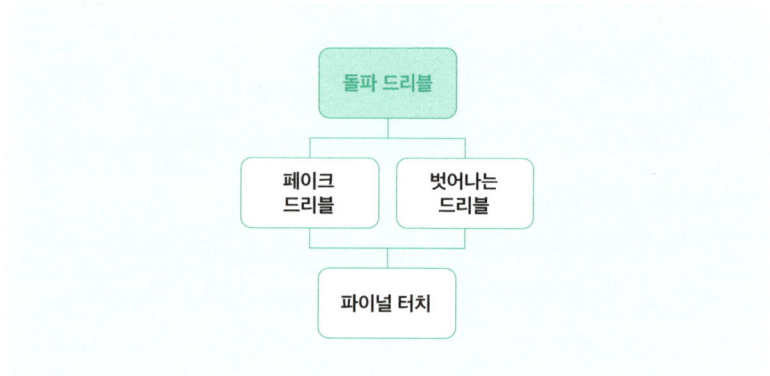

자, 이제 돌파 드리블을 구성하고 있는 '페이크 드리블', '벗어나는 드리블' 그리고 이 두 가지 드리블의 핵심인 '파이널 터치'에 대해 배워 보도록 하겠습니다

돌파 드리블을 성공적으로 사용하려면 기술보다 먼저 알고 있어야 할 개념이 있습니다. 바로 수비수가 어떤 방식으로 수비에 나서는지 파악하는 것입니다. 공격수와 수비수가 일대일로 대립한 상황에서 수비수는 크게 네 가지 수비 방법 중 하나를 선택합니다.

1. 덤비는 수비
2. 기다리는 척 덤비는 수비
3. 기다리는 수비
4. 덤비는 척 기다리는 수비

이 네 가지 수비 유형을 머리로 외우는 것이 관찰의 출발점입니다. 그다음부터는 훈련 중 일대일 돌파 상황이 주어졌을 때, 지레 겁먹고 도망가려 하기보다 수비수가 어떤 수비 방식을 선택하는지 '낌새'를 먼저 느끼려는 훈련이 필요합니다. 볼을 빼앗기더라도 괜찮습니다. 수비수를 보면서 플레이하려는 시도를 반복하면, 자연스럽게 '읽는 힘'이 축적됩니다. 이 힘은 단순히 기술을 익히는 것 이상의 경험치를 쌓는 과정이며, 돌파 드리블 능력을 근본부터 성장시킵니다. 결국 돌파 드리블은 수비수의 수비 방법을 '읽는 힘'에서부터 시작되는 기술입니다. 경기에서 수비를 읽을 수 있는 힘이 강할수록 본인이 보유한 드리블 기술도 더 날카롭게 살아납니다.

저는 실제로 엘리트 선수들과 성인 아마추어 교육생들을 지도할 때, 한 가지 특별한 훈련을 강조합니다. 바로 '그림자 수비수 드리블 훈련'입니다. 이 훈련은 어떤 특정 드리블 기술을 반복 훈련하는 방식과는 다릅니다. 저는 교육생들에게 이렇게 말합니다. "수비수의 앞발을 보면서, 앞발을 벗어난다는 생각으로 드리블해 봐!" 이 말 속에는 드리블의 본질적인 이해가 담겨 있습니다.

드리블은 '볼을 몰고 가는 것'이 아니라 상대 수비수의 수비 범위를 벗어나기 위한 '관찰'과 '타이밍'의 싸움입니다. 여기에 저는 이런 말도 덧붙입니다. "여유가 있다면 다양한 페이크를 집어넣어 봐! 상대가 뭘 기다리고 있는지 관찰하고 그 예상을 깨뜨려야 해!" 이 두 마디 안에는 드리블을 기술이 아닌 심리전과 타이밍의 영역으로 끌어올리는 철학이 담겨 있습니다.

드리블의 출발점은 '앞발' 관찰입니다. 단어 자체는 다소 우스꽝스러울 수 있지만 드리블을 잘하기 위해 반드시 집중해야 하는 것이 바로 수비수의 '앞발'입니다. 낮은 수준의 수비수는 두 발을 나란히 세운 11자 자세를 취하는 경우가 많습니다. 하지만 기본적인 수비 자세는 비대칭적인 대각선 형태입니다. 자연스럽게 한 발은 앞으로, 한 발은 뒤로 놓이게 됩니다. 이때 공격수는 수비수의 '앞발을 피하는 방향'으로 드리블을 시도하는 것이 성공 확률을 높이는 핵심입니다. 왜 그럴까요?

1. 수비수는 두 발로 수비합니다.
    → 결국 공격수의 볼을 건드리는 것은 수비수의 발이며, 이 발의 움직임을 읽는 것이 돌파의 첫걸음입니다.
2. 수비수의 앞발은 공격수와 가장 가까운 거리에 있는 발입니다.
    → 수비수의 의도가 가장 적나라하게 드러나는 부분이 바로 이 앞발입니다.
3. 이 앞발의 움직임을 읽을 수 있다면 수비수의 중심을 무너뜨리는 것은 어렵지 않습니다.
    → 수비수는 자신도 모르게 '앞발'에 수비 의도를 드러내기 때문에 공격수는 한 박자 빠르게 반응하여 주도권을 가져올 수 있습니다.

이 '그림자 수비수 드리블 훈련'에서 가장 중요한 포인트는 단

하나입니다.

"수비수의 움직임을 보고, 내 안의 기술을 스스로 꺼내는 것."

즉 드리블 기술을 미리 정해놓고 반복하는 것이 아니라 상대의 수비 자세와 움직임을 관찰한 뒤, 그 상황에 가장 적절한 드리블 기술을 즉흥적으로 선택하고 실행하는 능력을 기르는 것이 핵심입니다. 돌파 드리블 능력을 향상시키기 위해, 저는 공격수와 수비수를 1 대 1로 두고 진행하는 이 훈련을 자주 활용합니다.

이 훈련에서 수비수는 실제 경기처럼 수비 자세를 유지하지만 직접적으로 볼을 빼앗지는 않습니다. 대신 정해진 구역 안에서 공격수를 상대로 '기다리는 수비' 혹은 '덤비는 척하면서 기다리는 수비' 방식을 선택해 움직입니다.

공격수는 이러한 수비수를 상대로 수비수의 앞발 움직임을 예의주시하며, 상황에 따라 자신이 가진 드리블 기술을 스스로 선택하고 꺼내는 것을 목표로 합니다.

이렇게 수비수의 '앞발'을 보며 드리블하는 감각이 어느 정도 익숙해지면, 이제 수비수에게 부여했던 제한을 풀고 실제 1 대 1 상황으로 확장합니다. 앞선 훈련을 통해 길러진 '앞발을 예의주시하는 습관'은 수비수의 수비 방법과 의도를 더 빠르게 예측하는 데 큰 도움을 주며, 자연스럽게 드리블 성공률 또한 높아지게 됩니다.

4. 페이크 드리블

페이크 드리블은 수비수가 '기다리는 수비'를 할 때 사용하는 돌파 드리블입니다. 그렇다면 여기서 질문 한 가지를 하겠습니다. '기다리는 수비'는 무엇을 기다리고 있을까요? 정답은 바로 공격수의 '파이널 터치'입니다. 파이널 터치란, 공격수가 수비수를 벗어나기 위해 마지막으로 볼을 강하게 치고 나가는 볼 터치를 의미합니다. '기다리는 수비'는 바로 이 파이널 터치가 언제 나올지 예측하며 기다리고 있는 것입니다. 그 순간이 오면 수비수는 직접 볼에 발을 갖다 대거나, 공격수와 볼 사이에 팔과 몸을 밀어 넣어 볼을 가로채려는 행동을 취합니다. 이런 상황에서 공격수가 수비수의 예상대로 파이널 터치를 사용한다면 돌파에 실패할 뿐만 아니라 볼을 빼앗길 위험도 커집니다. 따라서 중요한 것은 파이널 터치를 숨기고 동시에 수비수의 예측을 무너뜨릴 수 있는 다양한 페이크 동작을 먼저 수행하는 것입니다. 결국 핵심은 수비수가 예상하지 못한 페이크와 타이밍에 파이널 터치를 시도하는 것입니다. 우리가 기억해야 할 점은 '페이크 드리블'과 '벗어나는 드리블'에는 수비수와의 '심리 싸움'까지 포함된다는 사실입니다. 상대 수비수의 움직임과 수비 방법을 먼저 읽고 그에 맞는 돌파 기술을 선택할 수 있어야 실전에서 통할 성공 확률이 높은 드리블 능력을 갖출 수 있게 됩니다.

페이크 드리블을 연습할 때, 일반적으로는 한 번의 페이크 모

페이크 드리블

션 이후 곧바로 파이널 터치로 연결하는 방식이 자주 사용됩니다. 물론 단 한 번의 페이크만으로도 수비수를 완전히 속이고 돌파하는 경우도 있습니다. 하지만 제가 강조하고 싶은 것은 수비수의 수비 강도에 따라 페이크 모션의 횟수를 조절해야 한다는 '원리'입니다.

✳ **수비 강도에 따른 페이크 전략**

1. **수비 강도가 낮은 수비수**

    → 페이크 횟수를 2~3회까지 늘리는 것이 유효합니다.

    이런 유형의 수비수는 한 번의 페이크에 쉽게 반응하지 않거나, 아예 페이크 자체를 인식하지 못하고 그냥 기다리고 있는 경우가 많습니다. 따라서 2~3회의 페이크를 통해 수비수의 시선과 집중력을 분산시키고, 수비 타이밍을 흐트러뜨리기 위한 노력이 필요합니다.

2. **수비 강도가 높은 수비수**

→ 한두 번의 날카로운 페이크로도 중심을 흔들 수 있습니다.

이러한 수비수는 공격수의 작은 움직임에도 민감하게 반응하기 때문에, 오히려 페이크를 여러 번 사용하면 타이밍을 읽혀 돌파 기회를 놓칠 수 있습니다. 핵심은 빠른 타이밍에 한두 번의 강하고 분명한 페이크로 수비수의 중심을 흔든 다음, 빠르게 수비 범위를 벗어나는 파이널 터치로 연결하는 것입니다.

3. **경기장 위치에 따른 수비 강도 변화**

→ 수비 강도는 단순히 개인 성향뿐 아니라, 경기장 내 위치에 따라 달라집니다.

제 경험상 수비수는 자신의 골대에 가까워질수록 수비 강도가 자연스럽게 높아집니다. 즉 페널티 박스 근처에서는 짧고 날카로운 페이크가, 미들 지역 근처에서는 복수의 페이크가 더 효과적인 경우가 많습니다.

이처럼 수비수의 수비 강도와 경기장의 위치적 특성까지 고려하면서 페이크의 강도와 횟수를 조절하는 것이 결국 실전에서 통하는 돌파 기술을 만드는 핵심 전략입니다.

손흥민 선수는 한 인터뷰에서 자신은 보통 단 한 번의 시저스 페이크만으로 돌파를 시도한다고 말했습니다.

여기서 우리가 주목해야 할 점은, 손흥민 선수를 상대하는 수비수들은 세계 최고의 반응 속도와 수비 능력을 갖춘 선수들이라는 사실입니다. 그렇기에 손흥민 선수의 단 한 번의 시저스 페이크만으로도 수비수의 무게 중심을 흔들 수 있는 것입니다.

하지만 그보다 낮은 레벨의 수비수를 상대한다고 가정해보면, 이야기는 조금 달라집니다.

반응 속도가 느린 수비수는 손흥민 선수가 시저스 페이크를 쓰더라도 그 동작이 페이크였다는 사실조차 인식하지 못한 채 그대로 중심을 잡고 서 있습니다. 이러한 수비수를 상대로 손흥민 선수가 시저스 페이크를 한 번이 아닌 두세 번 연속으로 사용한다면, 오히려 더 쉽게 돌파 드리블을 성공할 수 있을 것입니다.

물론 손흥민 선수가 낮은 레벨의 수비수를 상대할 때는 시저스 페이크를 한 번 쓰든, 두 번 쓰든 돌파에 성공할 확률이 높습니다.

하지만 제가 말씀드리고 싶은 것은 '손흥민 선수가 시저스 페이크를 한 번 사용하니까 시저스 페이크는 한 번만 하는 것이 가장 좋다'라는 절대 기준을 가지지 말아야 한다는 점입니다.

손흥민 선수의 한 번의 시저스 페이크는 한 번이 정답이어서가 아니라, 손흥민 선수가 상대하는 수비수의 레벨과 경기 속도와 상황에 맞게 선택된 최적의 플레이이기 때문입니다.

페이크 드리블 정리

1) 사용 상황: 수비수가 기다리는 수비를 선택했을 때, 공격수의 파이널 터치를 예상하고 준비하고 있는 상황
2) 핵심 목적: 파이널 터치 전 페이크 모션을 통해 수비수의 예상을 무너뜨리기 위함
3) 기술적 특징: 페이크 모션을 통해 수비수가 공격수의 파이널 터치 '방향'과 '타이밍'을 예상하기 어렵게 만듦
4) 전술적 효과: 페이크 드리블을 통해 수비 블록의 블록 하나를 깨트림으로써 수비 블록에 균열을 일으킴
5) 중요 포인트: 수비 강도에 따라 페이크 횟수 조절
   - 수비 강도가 낮은 경우: 페이크 2~3회로 늘려 수비수가 페이크 모션에 반응하도록 유도
   - 수비 강도가 높은 경우: 1~2회의 페이크 모션을 통해 빠른 타이밍으로 승부

5. 벗어나는 드리블

돌파 드리블의 두 번째 기술, '벗어나는 드리블'에 대해 알아보겠습니다. 앞서 설명드린 것처럼 '벗어나는 드리블'은 수비수가 '덤비는 수비' 또는 '기다리는 척 덤비는 수비'를 선택했을 때 사용하는 돌파 드리블입니다. 쉽게 말해 수비수가 볼을 터치하기 위해 발을 내미는 순간, 그 타이밍을 포착해 그 발을 피해 빠져나가는 기술입니다. 찰나의 순간에 사용되는 '벗어나는 드리블'을 잘하기 위해서는 몇 가지 핵심 포인트를 기억해야 합니다.

첫 번째 포인트는 '볼 컨트롤'입니다. 볼 컨트롤은 모든 드리블 기술에서 중요하지만, 벗어나는 드리블에서는 그 중요성이 유독 더 큽니다. 왜냐하면 이 기술은 수비수가 발을 먼저 내미는 순간, 그 타이밍을 역이용해 벗어나는 기술이기 때문입니다. 복싱에서 훅이 들어올 때 반대 방향으로 피하며 카운터 타이밍을 노리듯, '벗어나는 드리블' 역시 수비수의 움직임을 역이용해 빈틈을 공략하는 기술입니다. 이 기술에서 중요한 것은 내가 볼을 어떻게 컨트롤하고 있는가입니다. 만약 볼이 발에서 멀어지면, 멀어지는 볼을 보는데 자신의 '시야'를 사용하게 되어 수비수의 덤비는 수비 '낌새'를 놓칠 수밖에 없습니다. 결국 좋은 볼 컨트롤은 시야를 자유롭게 만들고, 자유로운 시야는 수비수의 움직임을 읽을 수 있게 도와줍니다. 이것이 바로 벗어나는 드리블의 첫 번째 핵심 포인트입

벗어나는 드리블

니다. 수비수의 발이 나오는 그 순간은 두려워할 타이밍이 아니라 오히려 역이용할 수 있는 기회라는 인식의 변화 또한 필요합니다.

두 번째 포인트는 '벗어나는 드리블 = 수평 드리블'입니다. '벗어나는 드리블'의 두 번째 핵심 포인트는 '드리블 방향'에 있습니다. 기본적으로 벗어나는 드리블은 '대각선 돌파'가 아니라 수비수의 압박을 피해 수평 방향으로 빠져나가는 드리블입니다. 수비수는 본인의 신체 조건과 반응 속도에 따른 '수비 범위'를 가지고 있습니다. 저는 이 수비 범위를 약 2m 전후의 원형 범위로 가정해 설명합니다. 마치 온라인 축구 게임에서 플레이어가 게임 내 한 선수를 선택했을 때, 선수 주변에 표시되는 하이라이트 서클을 떠올리시면 이해가 쉬울 것입니다. 수비수가 '덤비는 수비'를 할 때는 자신의 수비 범위 전체를 포함해서 공격수 쪽으로 압박해 들어옵니다. 이때 공격수가 대각선 방향으로 드리블을 시도한다면 이미 수비 범위 안쪽에서 움직이게 되는 것이고, 이는 상대 수비수의 발에 걸릴 위험한 상황입니다. 물론 운이 좋다면 수비수의 발에 볼이 닿지 않을 수도 있습니다. 하지만 이런 방식은 기술보다 운에 기대는 복불복의 선택입니다. 위험 부담이 큰 시도에 불과합니다. 기억해야 할 핵심은 수비수가 '덤비는 수비'를 하는 낌새가 느껴진다면, '벗어나는 드리블'의 방향을 반드시 수평으로 해야 한다는 것입니다. 이 수평 드리블을 통해 손쉽게 수비수의 수비 범위와 수비수의 발을 효과적으로 회피하며 다음 플레이로 이어 갈 수 있습니다.

벗어나는 드리블 정리

1) 사용 상황: 수비수가 덤비는 수비 또는 기다리는 척 덤비는 수비를 하는 낌새가 느껴질 때
2) 핵심 목적: 수비 범위를 빠르게 벗어나 다음 플레이(드리블, 패스, 슈팅)로 전환
3) 기술적 특징: 정확한 볼 컨트롤을 통해 시야 확보 → 수비수 '낌새' 관찰 → 드리블 방향은 수평
4) 전술적 효과: 짧은 순간에 탈압박 및 전진 기회 창출
5) 중요 포인트
   - 볼 컨트롤을 통한 시야 확보: 시야 확보 없이는 수비 타이밍 읽기 어려움
   - 수평 방향 드리블: 수비 범위를 수평으로 벗어나는 것이 가장 안전하고 효과적

6. 파이널 터치

자, 이제 돌파 드리블의 마지막 기술, '파이널 터치'입니다.

드리블을 잘하기 위해서는 정말 많은 요소가 필요합니다. 폭발적인 움직임, 도전 정신, 섬세한 볼 감각, 역동적인 페이크 등 하나하나 떼어내어 따로 훈련하더라도 시간이 오래 걸리는 요소들입니다. 어느 것 하나 중요하지 않은 것이 없지만, 저는 그중에서도 '파이널 터치'를 가장 중요하게 생각합니다. 아무리 멋진 페이크로 수비수의 중심을 흔들었더라도 파이널 터치를 제대로 수행하지 못하면 그 모든 과정은 무의미해지기 때문입니다. 제가 정의한 파이널 터치는 다음과 같습니다. "파이널 터치는 드리블 중 수비수로부터 순간적으로 멀어져, 슈팅 또는 패스 타이밍을 얻기 위해 다양한 부위로 볼을 터치하는 기술입니다." 결국 돌파 드리블의 하이라이트는 파이널 터치입니다.

한국 유소년 축구 교육 현장에서 '드리블'을 지도할 때 가장 부족한 부분이 바로 이 '파이널 터치'입니다.

사실, '파이널 터치'라는 단어 자체가 한국의 축구 교재나 지도자 교육 속에 존재하지 않습니다. 저 역시 11년간 선수 생활을 하면서 이 개념을 배운 적이 없었고, 대한축구협회 지도자 교육이나 골든 에이지 훈련에서도 이 기술을 지도하는 지도자를 단 한 번도 본 적이 없습니다. 현재 제게 훈련받고 있는 엘리트 유소년 선수들에게 물어보아도, 열 명이면 열 명 모두가 '파이널 터치'라

파이널 터치

는 개념을 저를 통해 처음 들어본다고 말합니다.

비슷한 개념으로 접근하시는 지도자분들도 계시겠지만, 제가 이렇게 강조하는 이유는 '파이널 터치'가 한국 드리블 교육에는 존재하지 않는 '언어'이기 때문입니다.

"내 언어의 한계가 곧 내 세계의 한계이다."

오스트리아 철학자 비트겐슈타인의 명제처럼, '파이널 터치'라는 이 언어의 부재는 곧 대부분의 우리나라 선수들이 '드리블'이라는 기술을 반복하면서도 가속도를 내지 못하고, 수비 범위를 벗어나지 못한 채 제자리에서만 머무르게 만듭니다.

드리블은 그 자체로 목적이 아닌, 패스나 슈팅을 위한 '사전 동작'일 뿐입니다. 수비수가 패스 라인을 차단하니 그 수비 범위를 벗어나기 위해 드리블이 필요한 것이고, 그 범위를 완전히 벗어나기 위해서는 드리블의 마지막은 반드시 '파이널 터치'로 마무리되어야 합니다.

드리블은 절대 드리블로 끝나지 않습니다. 드리블의 끝은 항상 다음 기술, 즉 패스나 슈팅으로 연결되는 '파이널 터치'에서 완성됩니다. 제가 확신하는 것은 이것입니다. '볼을 내 몸 안에 둔 상태'에서의 드리블 훈련에 익숙한 한국의 유소년 선수들이 여기에서 설명하는 '파이널 터치'의 개념을 이해하고 기술적으로 체득한다면, 지금보다 두 배 이상 높은 드리블 성공률을 보여 줄 것입니다.

1. 수비수가 '덤비는 수비'를 선택했다면?
   → 곧바로 파이널 터치(= 벗어나는 드리블)로 빠르게 빠져나가야 합니다.
2. 수비수가 '기다리는 수비'를 선택했다면?
   → 페이크 동작으로 먼저 수비수의 중심을 흔든 뒤, 파이널 터치(= 페이크 드리블)로 돌파해야 합니다.

수비수의 수비 범위를 좌우 약 2m로 가정하면, 이 범위를 완전히 벗어나기 위해서는 최소 2~3m 이상의 파이널 터치가 필요합니다. 또한 적절한 간격으로 이루어진 파이널 터치를 통해 최대 가

속도를 확보해야만 수비수와의 간격을 확실히 벌릴 수 있습니다.

파이널 터치를 잘 수행하기 위한 한 가지 팁이 있습니다. 바로 '파이널 터치를 하고 대시하는 것'이 아니라 '대시 중에 파이널 터치를 수행하는 것'이라는 관점의 전환입니다. 이 생각 하나만 바꿔도 파이널 터치의 수행 방식이 달라지고, 자연스럽게 속도 변화가 일어나며, 돌파 성공률도 눈에 띄게 향상됩니다.

'벗어나는 드리블'을 소개할 때도 말씀드렸듯이 파이널 터치를 성공시키기 위해서는 결국 정확한 볼 컨트롤이 뒷받침되어야 합니다. 볼이 발에서 멀어지면 우리는 볼을 바라보느라 시야를 빼앗기게 되고, 수비수의 움직임을 읽지 못한 채 타이밍을 놓치게 됩니다. 볼 컨트롤이 시야를 열어 주고, 시야 확보가 파이널 터치의 정확한 타이밍을 만들어 줍니다. 그래서 다음 챕터에서는 돌파 드리블의 완성을 가능하게 해 주는 핵심 기술인 '볼 컨트롤'에 대해 이야기해 보겠습니다.

파이널 터치 정리

1) 사용 상황: 드리블의 마지막 단계로 수비수의 수비 범위를 벗어나 전진하거나 패스 또는 슈팅으로 연결하기 위함
2) 핵심 목적: 수비수의 수비 범위 벗어나기 + 최대 가속도 확보
3) 기술적 특징:
   - 수비 범위를 벗어나기 위한 간격: 최소 2~3m
   - 수비수와의 간격에 따라 대각선 방향 또는 수평 방향
   - 다양한 부위를 활용(기본은 아웃사이드, 인사이드 및 인스텝 가능)
4) 전술적 효과: 파이널 터치 실행 → 패스, 크로스, 슈팅 (팀 동료는 볼 소유자가 파이널 터치를 실행할 때 침투 또는 서포트 움직임 실행)
5) 중요 포인트: '터치하고 대시'가 아니라 '대시 중에 터치' 개념

축구의 기본 기술 - 볼 컨트롤

14

앞선 세 개의 챕터에서 드리블에 대한 제 생각을 전해드렸습니다. 약간의 과장을 더해서 비유하자면 드리블이 요리의 맛을 더하는 '향신료'나 '조미료'라면, 볼 컨트롤은 그 요리의 '원재료'에 해당하는 기술입니다. 아무리 향이 좋고 맛을 더해 주는 조미료가 뛰어나도, 원재료가 신선하지 않으면 '좋은 요리'를 만들 수 없듯이 축구에서도 볼 컨트롤 능력이 뒷받침되지 않으면 화려한 드리블도 정교한 패스도 위력적인 슈팅도 나오기 어렵습니다.

저는 오히려 선수 시절보다 지도자 생활을 하면서 볼 컨트롤이라는 기술의 가치를 더 높게 평가하게 되었고, 더 깊이 이해하게 되었습니다. 이 기술이야말로 축구 실력의 출발점이자, 한 선수의 축구 지능을 가장 쉽게 가늠할 수 있는 지표가 된다는 사실을 체감하고 있기 때문입니다. 이번 챕터에서는 제가 왜 이러한 생각을

하게 되었는지, 그리고 왜 볼 컨트롤을 '축구 기술의 원재료'로 정의하게 되었는지 그 과정을 함께 나눠 보겠습니다.

약 5년간의 스페인 지도자 유학을 마치고 한국에 돌아온 뒤, 저는 대한축구협회와 서울 이랜드FC, 그리고 부산 아이파크에서 유소년 축구 지도자로 일할 기회를 얻었습니다. 그 과정에서 유소년 스카우트를 오랫동안 담당해 오신 분들과 자주 대화를 나눌 수 있었는데, 그분들 모두가 입을 모아 하신 말씀이 하나 있었습니다. "볼 컨트롤을 어떻게 하는지만 봐도 이 선수가 축구를 잘하는지 못하는지가 보인다." 처음에는 이 말을 흘려들었습니다. 하지만 시간이 지나 다양한 선수들을 직접 지도하고, 경기를 분석하고, 아이들의 성장을 지켜보면서 그 말의 의미를 점차 이해하게 되었습니다.

볼 컨트롤은 단순히 볼을 멈추는 기술이 아닙니다. 이 기술 하나만으로도 그 선수가 ① 경기 흐름을 읽고 있는지? ② 상황 인지를 하고 있는지? ③ 다음 플레이 준비를 하는지? ④ 볼 감각을 갖추고 있는지? ⑤ 상황 해결 능력이 어느 정도인지? 등 많은 것을 엿볼 수 있기 때문입니다. 실제로 높은 레벨의 경기에서는 단 한 번의 볼 터치로 수비 라인을 무너뜨리고, 없던 슈팅 타이밍을 만들어 내며 창의적인 플레이를 이끌어 내는 장면이 자주 등장합니다. 그 볼 터치, 즉 '볼 컨트롤'을 어떻게 하느냐가 곧 그 선수가 가진 '축구 실력'을 보여 주는 거울이 되는 겁니다. 즉 볼 컨트롤은 선수의 모든 기술을 연결하는 출발점이자, 그 선수의 축구 지능을 가장 단시간에 확인할 수 있는 직관적인 지표라고 할 수 있습니다. 물론 볼 컨트롤 하나만으로 모든 것을 판단할 수는 없습니다. 하지만 선수의 볼 감각과 축구 지능 수준을 단기간에 평가해야 할 때, '볼 컨트롤'은 신뢰할 수 있는 첫 번째 신호인 것입니다. 그래서 수많은 선수들을 관찰한 뒤 그중 가장 유능한 선수를 빠르게 선발해야 하는 스카우터들이 볼 컨트롤 능력을 가장 우선적으로 평가하는 것이 어쩌면 당연한 일입니다. 볼 컨트롤 기술은 '축구의 기본 기술' 중에서도 '볼 감각'과 가장 높은 싱크로율을 지닌 기술입니다. 다시 말해 볼 감각이 향상되면 자연스럽게 볼 컨트롤 능력도 함께 향상된다는 뜻입니다. 물론 드리블, 패스, 슈팅 역시 볼 감각과 밀접한 연관이 있습니다. 하지만 이들 기술은 볼 감각만으로 완성되기 어렵습니다. 예를 들어 드리블은 볼 감각 외에도 페이크 동작이라는 별도의 움직임이 추가되어야 하며, 패스나 슈팅은 볼 감각 외에 '나만의 스윙'을 만드는 과정이 선행되어야 합니다. 반면 볼 컨트롤은 이와 같은 부가적 요소 없이, 오직 '볼 감각' 위에 쌓여 가는 기술입니다. 그렇기에 볼 감각이 곧 볼 컨트롤의 질을 결정짓는 가장 핵심적인 요소라고 말할 수 있습니다. 본격적으로 볼 컨트롤 기술에 대해 살펴보기 전에, 축구에서 각 기술이 주로 활용하는 신체 부위에 대한 분류를 먼저 짚고 넘어가겠습니다. 저는 이를 〈축구 기술 신체 부위 분류표〉로 정의하고 있으며, 실제 교육 현장에서 축구 기술을 지도할 때 이 분류표에 포커스를 맞춰 교육하고 있습니다.

✱ 축구 기술 신체 부위 분류표

1. 드리블(6개): 인스텝, 인사이드, 인프런트, 아웃사이드, 아웃프런트, 발바닥
2. 패스(6개): 인스텝, 인사이드, 인프런트, 아웃사이드, 아웃프런트, 헤딩
3. 슈팅(6개): 인스텝, 인사이드, 인프런트, 아웃사이드, 아웃프런트, 헤딩
4. 볼 컨트롤(10개): 인스텝, 인사이드, 인프런트, 아웃사이드, 아웃프런트, 발바닥, 무릎, 복부, 가슴, 헤딩

   * 패스와 슈팅 또한 무릎과 가슴으로도 가능하지만, 일반적으로 훈련 프로그램에 사용되지 않는 신체 부위는 제외했습니다.

우선 드리블은 인스텝, 인사이드, 인프런트, 아웃사이드, 아웃프런트, 발바닥 등 주로 발 부위 6곳을 다양하게 활용합니다. 패스

와 슈팅도 인스텝, 인사이드, 인프런트, 아웃사이드, 아웃프런트, 헤딩 등 최소 6개 이상의 부위를 사용하며, 상황에 따라 다양한 변형이 가능합니다.

그러나 볼 컨트롤은 이보다 훨씬 더 넓은 신체 스펙트럼을 요구합니다. 드리블, 패스, 슈팅에 사용되는 모든 발 부위에 더해 무릎, 복부, 가슴, 헤딩까지 총 10개 이상의 신체 부위로 볼을 정교하게 컨트롤할 수 있어야 합니다. 이는 단순히 다양한 부위를 사용한다는 의미를 넘어 각 부위에 맞는 감각을 정교하게 훈련해야 한다는 것을 의미합니다. 그만큼 볼 컨트롤은 다른 기술보다 더 높은 수준의 볼 감각 통합 능력을 요구하는 기술입니다. 결국 볼 컨트롤을 잘하기 위해서는 단지 한두 부위를 숙련시키는 것으로는 부족합니다. 전신의 감각이 통합적으로 작동해야 하며, 인프런트와 아웃프런트처럼 비교적 덜 알려진 부위까지도 훈련을 통해 자연스럽게 꺼내 쓸 수 있어야 진정한 볼 컨트롤 능력을 갖췄다고 말할 수 있습니다.

이러한 관점에서 저는 '볼 감각'이 곧 축구의 기본 기술 전체에 영향을 미친다는 사실을 깨닫게 되었고, 볼 감각 향상을 위한 실전적이고 체계적인 프로그램의 필요성을 깊이 느꼈습니다. 현재까지 제가 구성하고 교육 중인 핵심 훈련은 다음 네 가지입니다.

✱ 볼 감각 향상 프로그램

1. 볼 리프팅
2. 벽 치기
3. 볼 마스터리
4. 드리블 마스터리

앞으로 프로그램은 더 발전할 수 있겠지만, 이 네 가지는 '축구의 기본기' 중에서도 가장 핵심인 볼 감각을 훈련하는 기본 토대가 될 것입니다. 만약 프로축구 선수를 꿈꾼다면 중학교 졸업 이전까지는 10가지 신체 부위(인스텝, 인사이드, 인프런트, 아웃사이드, 아웃프런트, 발바닥, 무릎, 복부, 가슴, 헤딩)를 활용해 모든 구질의 볼을 원하는 방향과 위치로 정확하게 컨트롤할 수 있는 능력을 갖춰야 한다고 생각합니다. 이는 단순한 목표 설정이 아니라 볼 감각과 볼 컨트롤 간의 높은 싱크로율을 고려한 필연적인 접근입니다. 이 기준은 제 개인적 철학을 넘어 선수들이 성인 무대에서 기술적으로 뒤처지지 않고 살아남기 위한 '최소한의 준비'이자 '생존 전략'입니다. 볼 감각 훈련이 뒷받침되지 않은 선수는 경기 속도와 압박 강도가 높은 성인 축구에서 의도한 플레이를 펼치기 어렵기 때문입니다.

제가 지속적으로 강조하는 축구 교육의 핵심은 "볼 감각이 모든 축구 기술 습득의 출발점이다"라는 점입니다. 볼 감각을 제대로 갖추고 있어야만 드리블, 볼 컨트롤, 패스, 슈팅 등 축구의 모든 기본 기술을 더 빠르고 더 정확하게 익힐 수 있고 더 많은 경기 경험과 성공 경험을 쌓을 수 있습니다. 나아가 새로운 기술이나 복잡한 기술도 제한 없이 흡수할 수 있는 기반을 만들어 줍니다.

이 네 가지 기본 기술 중에서도 특히 볼 감각과 가장 높은 싱크로율을 가지는 기술이 바로 볼 컨트롤입니다. 그렇기에 저는 "축구 실력의 본질적인 향상은 곧 '볼 감각의 향상'에 달려 있다"고 확신하며, 이를 체계적으로 설명하기 위해 〈볼 컨트롤 메커니즘〉이라는 개념으로 정리했습니다.

〈볼 컨트롤 메커니즘〉은 '볼 감각 → 정확한 볼 컨트롤 → 신속하고 정확한 판단 → 창의적인 플레이 → 경기력 향상'처럼 연속적으로 펼쳐지는 '기술'과 '인지' 그리고 '창의성'이 유기적으로 연결된 '축구 기술 습득의 메커니즘'입니다.

✶ 볼 컨트롤 메커니즘

1. 볼 감각이 향상되면 가장 먼저 싱크로율이 높은 기술인 볼 컨트롤 능력이 함께 향상됩니다. 드리블, 패스, 슈팅보다도 볼 컨트롤은 볼 감각과 가장 직접적으로 연결된 기술입니다.

2. 볼 컨트롤 능력이 높아지면 다음 기술을 수행하기에 유리한 위치에 볼을 정확히 위치시킬 수 있습니다. 이는 플레이 선택지를 넓혀 주는 핵심 요소가 됩니다.

3. 이때 얻을 수 있는 이점은 두 가지입니다. 첫째, 다음 기술로 빠르고 정확하게 연결할 수 있고, 둘째, 다음 기술을 '미끼'로 활용해 상대 수비를 속

이는 플레이가 가능해집니다.
4. 볼 컨트롤이 안정되면 시선이 볼에서 벗어나 주변 상황을 파악하는 데 집중할 수 있게 됩니다. 시야가 넓어지면서 축구 지능을 활용할 수 있게 되면 보다 효과적인 플레이가 가능해집니다.
5. 볼을 다루는 감각이 안정되면 볼을 받는 것에 대한 자신감도 함께 높아집니다. 이는 경기 중 더 자주 볼을 받게 만들고, 그로 인해 경기 중 '시도 경험'과 '성공 경험' 등 학습 기회가 늘어나게 됩니다.

이러한 〈볼 감각 메커니즘〉을 이해한다면 축구 실력이 어떻게 구조적으로 향상되는지에 대한 이해력이 높아집니다. 단순히 '기술이 늘었다'는 차원이 아니라 모든 것이 볼 감각을 바탕으로 연결되어 있다는 사실을 체감하게 되는 것입니다.

이 개념을 가장 잘 보여 주는 사례가 바로 손흥민 선수입니다. 그의 아버지이자 지도자인 손웅정 감독은 무려 7년간, 축구의 기본기 중에서도 특히 '볼 감각' 훈련에 집중했다고 밝혔습니다. 이는 축구 기술이라는 꽃을 피우기 위해서 볼 감각이라는 뿌리를 단단히 다진 것입니다. 즉 눈에 보이는 화려한 기술 뒤에는 반드시 볼 감각이라는 토대가 단단히 자리하고 있어야 합니다.

손웅정 감독은 자신의 저서 《모든 것은 기본에서 시작한다》에서 이렇게 회고합니다.

"홍민이의 기본기를 채우기 위해 7년의 시간이 걸렸다. 365일 쉬지 않았다. 방학 때 친척 집에 놀러 가는 일도 없었다. 하루를 쉬면 본인이 알고, 이틀을 쉬면 가족이 알고, 사흘을 쉬면 관객이 안다는 말처럼, 죽을 때까지 놓지 말아야 하는 가치는 '겸손'과 '성실'이다."

손웅정 감독의 말은 기본기를 채우는 데 얼마나 오랜 시간과 집중력이 필요한지를 보여 줍니다. 요한 하리는 《도둑맞은 집중력》에서 지금 시대는 그 '집중력' 자체가 이미 공격받고 있으며, 그것이 개인의 의지만으로는 지켜 내기 어려운 사회 구조의 문제가 되었다고 지적합니다. 저는 그의 책을 읽고 눈이 번쩍 뜨였습니다.

"나는 집중력 저하가 주로 나나, 여러분이나, 여러분 자녀의 개인적 실패가 아니라는 강력한 증거를 찾아냈다. 모두가 공격을 받고 있다. 우리를 공격하는 세력은 매우 강하다. 그러한 세력 중에는 거대 테크 기업도 있지만, 한편으로는 기업을 훨씬 뛰어넘는다. 이것은 시스템의 문제다."

현대 사회를 살아가는 우리 모두는 이미 일상 속 수많은 자극과 정보의 홍수에 노출되어 있습니다. 더 자극적인 콘텐츠, 더 강력한 도파민, 더 잦은 보상 시스템이 우리 주변을 지배하고 있으며, 이는 단순한 '개인의 문제'가 아닌 '사회 시스템의 구조적인 문제'로 자리 잡고 있습니다. 이런 환경에서 상대적으로 내성이 약한 아이들은 더욱 쉽게 집중력을 도둑맞게 됩니다. 잠깐의 반복, 약간의 지루함도 버티지 못하게 된 시스템 속에서 '반복적인 동작', '단조로운 훈련', '지속적인 집중력'이 요구되는 볼 감각 향상 훈련은 항상 뒷전으로 밀릴 수밖에 없습니다.

하지만 아이들의 축구 실력을 끌어올리기 위해서, 그리고 시대를 역행해서 살아남는 선수로 성장시키기 위해서는 바로 이 '뒷전으로 밀려 있는 것'을 앞으로 끌고 와야 합니다. '지루한 반복' 속에서 볼 감각을 깨우고, 배움에 있어서 최고의 자산인 '집중력'을 지켜 내는 것이야말로, 지금 이 시대를 거스르며 성장하는 유일한 길이기 때문입니다. 이는 절대 아이들 혼자서 할 수 없습니다.

과거 손흥민 선수가 손웅정 감독에게 볼 감각 훈련을 받았을 때는 지금처럼 스마트폰도, 유튜브도, SNS도 없었습니다. 자극의 종류가 지금보다 훨씬 적었고, 집중력을 훔쳐 가는 외부 요인도 그리 많지 않았습니다. 하지만 지금은 다릅니다. 현재 아이들은 개인 훈련을 하다가도 5분만 지나면 스마트폰의 유혹을 받고, 잠시 쉬는 사이에도 동영상과 게임에 노출되어 집중의 끈을 잃기 쉬운 환경에 놓여 있습니다. 그래서 지금 시대의 아이들이 볼 감각 훈련을 '혼자'서 해 내는 건 거의 불가능에 가깝습니다. 집중력을 도둑맞고 있는 시대. 아니, 어쩌면 집중력이라는 자산을 자신도 모르게 버리고 있는 시대. 이런 시대를 살아가는 아이들에게는 어른의 존재가 반드시 필요합니다. 모범이 되어 줄 수 있는 어른, 지켜

봐 주는 어른, 그리고 함께해 주는 어른. 그렇게 '어른의 동행'이 있어야만 비로소 아이는 그 지루하고도 힘든 과정을 끝까지 이겨 낼 수 있습니다.

볼 감각 훈련 프로그램에 대한 정보는 이 책뿐만 아니라 유튜브, SNS, 각종 미디어를 통해서도 아주 쉽게 찾을 수 있습니다. 요즘처럼 정보가 넘쳐나는 시대에는 챗GPT에게 "요일별 30분 코스 축구 볼 감각 훈련 프로그램 정리해 줘"라고 입력하기만 해도 제가 교육생들에게 제공하는 프로그램보다 더 디테일하고 체계적인 정보를 손쉽게 얻을 수 있습니다. 이제는 '무엇을 해야 할지 몰라서 못하는 시대'가 아닙니다. 하지 못하는 이유는 '정보 부족'이 아니라 해야 한다는 것을 알면서도 행동으로 옮기지 못하는 '실행력 부족'에 있습니다. 그리고 그 실행력을 가로막는 본질적인 원인 중 하나는 무언가를 실천하기 위한 '집중력'을 이미 도둑맞고 있기 때문입니다. 그렇기에 이 책을 읽고 계신 학부모님들과 저 같은 지도자는 단순히 정보를 아는 것을 넘어, 아이들이 그 정보를 실제로 행동으로 옮길 수 있도록 돕는 역할을 해야 합니다. 아이들은 혼자서 해 내기 어렵습니다. 그래서 모범을 보이는 어른, 지켜봐 주는 어른, 함께해 주는 어른이 필요합니다. 이러한 어른의 동행이 있을 때, 비로소 아이는 지루하고 반복적인 훈련과 집중력을 요하는 어려운 과정을 끝까지 이겨 내며 성장할 수 있습니다.

사회적 문제에 대한 이야기는 여기까지 하고, 다시 원래 주제인 '볼 컨트롤'로 돌아가겠습니다.

선수가 경기 중 볼 컨트롤을 수행해야 하는 순간 마주하게 되는 '볼의 구질(Ball Type)'은 다음 세 가지로 분류됩니다.

1. 땅볼(Ground Ball)
2. 바운드 볼(Bounced Ball)
3. 공중 볼(Aerial Ball)

이 세 가지는 볼의 움직임을 지면과의 관계를 기준으로 나눈 분류이며, 각각의 구질에 따라 요구되는 볼 컨트롤 방식과 신체 감각의 수준은 뚜렷하게 달라집니다. 물론 실제 경기에서는 볼의 속도나 회전이 다양하게 변할 수 있지만, '지면과의 관계'라는 명확한 기준으로 볼의 구질을 분류하면 반드시 위 세 가지 중 하나에 해당합니다. 그리고 이 구질에 따라 사용해야 할 볼 컨트롤 방식도 달라지므로 이를 기준으로 볼 컨트롤을 네 가지로 구분하고 있습니다.

1. 땅볼 + 컨트롤 = 땅볼 컨트롤
2. 바운드 볼 + 컨트롤 = 바운드 볼 컨트롤
3. 바운드 볼 + 블로킹 = 블로킹 볼 컨트롤
4. 공중 볼 + 컨트롤 = 공중 볼 컨트롤

이 네 가지 중에서 땅볼 컨트롤이 가장 난이도가 낮고, 공중 볼 컨트롤이 가장 높은 난이도를 가지는 기술입니다. 특히 바운드 볼의 경우, 볼이 자신의 몸 안쪽에서 바운드되는 상황과 몸 바깥에서 바운드되는 상황에 따라 컨트롤 방식이 크게 달라집니다.

이 두 상황을 구분해 가르칠 필요성을 느껴, 저는 각각을 '바운드 볼 컨트롤'과 '블로킹 볼 컨트롤'로 나누어 지도하고 있습니다. 이처럼 구질에 따른 기술 선택 능력은 선수의 경기 대응력에 직접적인 영향을 미칩니다. 단순히 "볼이 오면 컨트롤한다"는 수준을 넘어 볼의 구질을 빠르게 판단하고, 그에 맞는 신체 부위와 타이밍을 정확히 선택하는 훈련이야말로 볼 컨트롤 능력을 가장 빠르게 향상시키는 방법입니다.

✳ 볼의 구질에 따른 볼 컨트롤 유형

1. **땅볼 컨트롤(Ground Ball Control)**

    1) 난이도: 가장 쉬움

    2) 주 사용 부위: 인사이드, 인프런트, 아웃사이드, 아웃프런트, 발바닥 등

    3) 특징:

    - 가장 익숙한 구질, 예측이 쉬움

    - 지면의 영향을 크게 받지 않아 볼의 방향, 높이, 속도가 안정적

2. **바운드 볼 컨트롤(Bounced Ball Control)**

    1) 난이도: 중간

    2) 주 사용 부위: 인사이드, 아웃사이드, 발바닥 등

    3) 특징:

- 지면에 한 차례 튄 후 볼의 속도와 회전이 줄어들어 공중 볼보다 다루기 쉬움
- 낙하지점과 낙하 타이밍을 예측할 수 있다면 보다 쉽게 볼 컨트롤 가능

3. **블로킹 볼 컨트롤(Blocking Ball Control)**

    1) 난이도: 어려움
    2) 주 사용 부위: 인사이드, 무릎, 복부, 가슴, 헤딩 등
    3) 특징:
    - 몸 밖에서 불규칙하게 튄 볼의 높이를 예측하는 것이 핵심
    - 볼의 높이에 따라 '인사이드 → 무릎 → 복부 → 가슴 → 헤딩' 순으로 블로킹
    - 통증에 대한 두려움을 극복하고 강한 볼도 몸으로 막아 내겠다는 태도가 요구됨

4. **공중 볼 컨트롤(Aerial Ball Control)**

    1) 난이도: 가장 어려움
    2) 주 사용 부위: 인스텝, 인사이드, 아웃사이드, 무릎, 가슴, 헤딩 등
    3) 특징:
    - 볼이 신체에 닿는 순간 해당 부위만 뒤로 이동시킴으로써 충격을 흡수하는 방법 (완충)
    - 몸을 공중으로 살짝 띄웠다가 내려오는 시점에 볼을 신체 부위에 맞

춤으로써 충격을 흡수하는 방법 (완충)
- 궤적, 속도, 회전, 낙하지점 등을 동시에 인지하고 몸을 이동시켜야 하므로 '볼 감각+인지 능력+신체 협응력'이 동시에 요구됨

볼 컨트롤이라는 기술도 하나씩 해부해 보면 이처럼 세부적으로 나뉘게 됩니다. 이렇게 나누는 이유는 단순히 '볼 컨트롤'이라는 하나의 기술로 보는 것이 아니라 경기 중 마주하게 되는 다양한 볼의 구질에 따라 어떤 상황에서, 어떤 신체 부위를, 어떤 방식으로 활용해야 하는지 명확히 인식시키며 교육하기 위함입니다. 그래야만 경기 중 예측할 수 없는 다양한 장면에서도 선수 스스로 최적의 판단을 내려 좋은 볼 컨트롤을 수행할 수 있는 기반이 만들어집니다.

특히 공중 볼 컨트롤은 단순한 기술 수행을 넘어 신체 감각과 인지 능력, 협응력의 총합을 요구하는 고난이도 기술입니다. 여기서 더 중요한 사실은 공중 볼이든 땅볼이든 어떤 형태의 볼이든 선수는 볼을 '컨트롤하는 것'에 그치지 않고, 그와 동시에 '다음 플레이'를 위한 판단까지 함께 내려야 한다는 점입니다. 결국 볼 컨트롤이란 '볼을 멈추는 기술'이 아니라 다음 선택지를 만들어내기 위한 '준비 기술'입니다. "좋은 볼 컨트롤은 좋은 판단의 출발점이자 다음 기술의 성공률을 좌우합니다."

마지막으로 축구 선수가 경기 중 볼 컨트롤을 하기 전에 무의

식적으로 내려야 하는 〈세 가지 핵심 판단〉에 대해 이야기해 보겠습니다. 실제로 하나의 판단을 내리면 그 뒤로 따라오는 다양한 판단들이 존재하지만, 저는 이 중에서도 특히 중요한 세 가지를 중심으로 정리하고자 합니다. 사실 경기 중 한 선수가 자신에게 볼이 오고 있을 때, 의식적으로 이 〈세 가지 핵심 판단〉을 모두 심사숙고할 시간적 여유는 거의 없습니다. 하지만 축구를 배워 가는 단계에서는 '무엇을 판단해야 하는지' 명확히 알고, 의식적으로 연습하는 것만으로도 반응 속도와 정확성이 눈에 띄게 향상됩니다. 그리고 이 판단은 포지션에 상관없이 축구장 안의 모든 선수에게 공통적으로 적용되는 기본 전제입니다.

첫 번째 핵심 판단: "논스톱 플레이를 할 것인가, 볼 컨트롤 후 플레이할 것인가?"

경기 중 볼이 다가올 때, 가장 먼저 내려야 할 판단은 논스톱으로 플레이할 것인지, 볼 컨트롤 후 다음 동작을 할 것인지입니다. 만약 논스톱 플레이를 선택했다면 어떤 신체 부위를 사용할 것인지, 또는 어디로, 어떻게 볼을 보낼 것인지를 빠르게 결정해야 합니다. 이러한 판단 없이 단순히 '무조건 볼을 컨트롤한다'는 방식은 축구 경기에서 가장 빠른 플레이 방식 중 하나인 논스톱 플레이를 포기하는 것과 같습니다. 특히 상대의 강한 압박을 빠르게 벗어나야 하는 상황에서는 논스톱 패스나 논스톱 슈팅이 결정적인 해법이 될 수 있습니다. 그렇기에 항상 논스톱 플레이를 할 수 있는 준비가 되어 있어야 합니다. 그래야 논스톱 플레이도 할 수 있고, 필요할 때 볼 컨트롤 플레이도 선택할 수 있기 때문입니다. 반대로 '무조건 논스톱 플레이만 한다'는 것도 문제입니다. 만약 자신에게 충분한 볼 컨트롤 공간이 있다는 건 그만큼 팀 동료들에게 강한 압박이 몰리고 있다는 뜻이기도 합니다. 이때 볼을 컨트롤하며 상대 수비수들의 시선을 자신에게 끌어들이는 것만으로도 동료들에게 더 넓은 공간을 만들어 줄 수 있습니다. 즉 단순한 볼 컨트롤 하나로도 전술적인 시간과 공간을 창출할 수 있는 것입니다.

두 번째 핵심 판단: "볼 컨트롤 이후 드리블을 할 것인가?" "볼 컨트롤 이후 패스를 할 것인가?" "볼 컨트롤 이후 슈팅을 할 것인가?"

이 판단은 곧 다음 플레이에 대한 '상상력'과 직결됩니다. 단순히 볼을 멈추는 것이 목적이 아니라 멈춘 다음 어떤 기술로 경기를 이어 갈지 이미 염두에 둔 상태여야 하기 때문입니다. 상상한 대로 모든 상황이 펼쳐지는 것은 아닙니다. 축구는 나 혼자 상상하고, 나 혼자 움직이는 스포츠가 아니기 때문입니다. 그럼에도 다음 플레이에 대한 '상상'을 반드시 해야 하는 이유는 드리블, 패스, 슈팅 등 모든 기술이 '볼 컨트롤'이라는 기술 위에서 출발하기 때문입니다. 드리블은 드리블하기 '좋은 위치'에 볼이 있을 때 성공 확률이 높아지고, 패스는 패스하기 '좋은 위치'에 있을 때 더 정교하게 연결되며, 슈팅 역시 슈팅하기 '좋은 위치'에서 시작할 때 골 가능성이 높아집니다. 결국 볼 컨트롤은 그 기술 자체만으로 완성되지 않습니다. 마치 스페인어의 알파벳 'H'와 비슷합니다. 영어에서 'H'는 'ㅎ' 소리가 나지만, 스페인어에서 'H'는 아예 발음되지 않습니다. 'Hola'를 '올라'라고 읽는 것처럼 스페인어의 'H'는 다음 발음을 위한 '준비'일 뿐입니다. 볼 컨트롤도 마찬가지입니다. 그 자체가 뚜렷한 결과를 내기보다는 다음 기술이 잘 펼쳐지기 위한 '기반'이 되어야 하는 기술입니다.

세 번째 핵심 판단: "볼 컨트롤 이후, 다음 기술을 바로 연결할 것인가? 아니면 그 움직임을 '페이크'로 활용할 것인가?"

이 세 번째 판단은 기술 숙련도를 넘어, 수비수의 예측을 뛰어넘는 '창의적인 플레이'와 직결됩니다. 아무리 볼 컨트롤을 잘해 놓았다 하더라도 상대 수비수가 그다음 움직임을 읽고 있다면, 결국 다음 기술의 성공률은 뚝 떨어지게 됩니다. 그래서 한 수 앞을 보는 선수, 한 단계 더 높은 레벨의 선수는 이 세 번째 판단까지 고려하면서 플레이합니다. 예를 들어 페널티 에어리어 내 오른쪽 빈 공간에서 한 선수가 중앙으로부터 굴러오는 패스를 받기 위해 기다리고 있습니다. 패스의 속도보다는 약간 느리지만, 수비수 역시 중앙에서 오른쪽으로 빠르게 달려오고 있습니다. 이때 패스를 받은 선수는 오른발 인스텝 슈팅을 하기 위해 '오른쪽 대각선' 방향으로 볼을 컨트롤합니다. 누구나 예상할 수 있는 슈팅 포지션이라서 달려오던 수비수는 그 볼의 위치를 보고 즉각적으로 오른발 슈팅을 예상하고, 이를 막기 위해 슬라이딩 태클을 시도합니다. 하지만 이 선수는 볼을 컨트롤하기 전부터 이 상황을 하나의 '연출된 그림'으로 상상하고 있었습니다. 슈팅하기 좋은 위치에 컨트롤해 놓는 것 자체를 '진짜'로 보이게 만든 다음, 슈팅 모션에 들어가려는 순간 수비수의 블로킹을 유도하고 곧바로 안쪽으로 접어드는 '슈팅 페이크'를 사용합니다. 그렇게 수비수를 완전히 속이고 난 뒤, 왼발 인프런트로 반대편 골대 하단을 정확하게 노려 득점합니다. 이 플레이는 '볼 컨트롤'을 수단으로 사용하고, '수비수의 예측을 역이용하는 상상력'까지 가미된 고차원적 플레이입니다. 이런 플레이를 할 수 있는 선수는 단순히 '볼만 잘 다루는 선수'가 아니라 '축구라는 게임의 심리 구조'까지 이해하고 있는 선수입니다.

지금 당장 원하는 위치에 정확히 볼 컨트롤조차 해 놓지 못하는 선수에게 이 세 번째 핵심 판단까지 요구하는 것은 다소 무리일 수 있습니다. 하지만 이러한 〈세 가지 핵심 판단〉 개념을 하나의 구조로 교육함으로써 축구라는 스포츠가 단순히 배운 기술을 정확히 수행하는 스포츠가 아니라 배운 기술 중 무엇을 선택할지, 어떻게 상대 수비수를 속일지를 고민하는 '심리 싸움'까지 함께 포함되어 있는 스포츠라는 사실까지도 자연스럽게 교육할 수 있습니다. 볼 컨트롤은 볼을 멈추는 기술을 넘어서서, 다음 선택지를 상상하고 설계하는 '생각의 기술'입니다.

축구의 기본 기술 - 패스

15

패스라는 기술은 저에게 특별한 의미로 자리 잡고 있습니다. 중학교 3학년 때 있었던 일입니다. 소속 팀 코치님께서 색다른 과제를 주신 적이 있었습니다. 3학년이 1학년 후배 선수 한 명씩을 맡아 관찰한 후 부족한 점을 보완할 수 있는 훈련 프로그램을 계획해 보라는 과제였습니다. 제가 맡은 후배는 수비형 미드필더와 센터백을 오가는 선수였는데, 일주일간의 훈련을 함께 받으면서 관찰해 보니 인사이드 패스의 정확도 문제가 눈에 띄었습니다. 이를 보완하기 위해 후배 선수의 패스 자세를 자세히 관찰했더니 고관절 각도에 문제가 있다는 걸 알게 되었습니다. 고관절이 제대로 열리지 않은 채 인사이드 패스를 시도하다 보니, 오른발 기준으로 패스의 방향이 왼쪽으로 휘어들어 가는 것이었습니다. 제가 관찰한 내용을 토대로 훈련 목표와 보완 프로그램을 A4 용지 4장 분량으로 정리해서 코치님께 제출했습니다. 그 보고서를 보신 코치님께서 "세민이, 너는 나중에 좋은 지도자가 될 수 있겠구나"라고 말씀해 주셨습니다. 어쩌면 코치님께서 기억조차 하지 못하실 수 있는 그 말씀이 제 마음에 불씨처럼 남아 선수 생활을 하는 동안에도 축구 지도자의 꿈을 함께 품을 수 있었습니다. 그래서 그런지 패스에 대한 제 생각을 정리하는 글을 쓰면서, 그때 후배에게 패스를 가르쳤던 기억이 떠올랐습니다. 그때의 진심을 담아 독자분들께도 패스에 대한 제 생각을 전해 드리려 합니다.

현재 우리는, 제가 정리한 〈축구의 기본기 정리표〉 중 '축구의 기본 기술'에서 드리블과 볼 컨트롤 다음으로 '패스'를 배우고 있습니다. 이쯤에서 드리블, 볼 컨트롤, 패스, 슈팅 사이의 사소하지만 알고 보면 큰 차이점 하나를 짚고 넘어가겠습니다.

- 드리블, 볼 컨트롤 → 볼을 소유하는 기술
- 패스, 슈팅 → 볼을 보내는 기술

이번 챕터와 다음 챕터에서 배울 '패스'와 '슈팅'은 드리블과 볼 컨트롤과는 다르게 '볼을 보내기 위한 기술'입니다. 이 볼을 보내기 위한 기술을 잘하기 위해서는 먼저 '스윙의 원리'를 이해해야 합니다. 패스든 슈팅이든 볼을 보내는 기술을 사용할 때 어떤 발의 부위를 활용하든 이 '스윙의 원리'가 적용된 '나만의 스윙'을 할 수 있어야 합니다. 한국에서는 '킥'을 볼을 멀리 차는 기술로 이해

킥 예시

아웃프런트 킥 인사이드 킥

인스텝 킥

하는 경우가 많습니다. 하지만 저는 '킥'이란 단어를 '볼을 차는 방법'으로 정의해 교육하고 있습니다. 여기서 돌발 질문 하나 드리겠습니다. "축구에서 '킥의 종류'는 총 몇 가지일까요?" 자신이 알고 있는 킥의 종류 개수만큼 실제 경기에서 자신이 활용할 수 있는 '킥의 종류'가 결정된다고 생각합니다. 자, 이 글을 읽고 계신 분들은 총 몇 개나 알고 계신가요?

정답은 총 8가지입니다.

① 인스텝 킥(Instep Kick)

② 인사이드 킥(Inside Kick)

③ 아웃사이드 킥(Outside Kick)

④ 인프런트 킥(In-front Kick)

⑤ 아웃프런트 킥(Out-front Kick)

⑥ 토 킥(Toe Kick)

⑦ 힐 킥(Heel Kick)

⑧ 칩 킥(Chip Kick)

사실 오버헤드 킥이나 바이시클 킥, 시저스 킥처럼 명칭조차 혼란스러운 아크로바틱한 킥은 제외했습니다. 이 8가지 킥을 상황에 맞게 자유롭게 사용할 수 있어야 합니다. 이를 정확히 이해한다면 '8가지 패스 방법'과 '8가지 슈팅 방법'으로 자연스럽게 연결할 수 있습니다. 예를 들어 패스는 다음과 같이 정리할 수 있습니다.

① 인스텝 패스(Instep Pass)

② 인사이드 패스(Inside Pass)

③ 아웃사이드 패스(Outside Pass)

④ 인프런트 패스(In-front Pass)

⑤ 아웃프런트 패스(Out-front Pass)

⑥ 토 패스(Toe Pass)

⑦ 힐 패스(Heel Pass)

⑧ 칩 패스(Chip Pass)

　이처럼 패스든 슈팅이든 볼을 보내는 기술을 잘하기 위해서는 '스윙의 원리'를 배워야 합니다. 모든 킥은 다음 3가지 스윙으로 구성됩니다.

1. 백 스윙(Back swing)

볼을 차기 전에 다리를 뒤로 빼며, 스윙의 힘과 속도를 위한 공간을 확보하는 준비 동작입니다. 일반적으로 무릎이 접히면서 뒤꿈치가 엉덩이 높이까지 올라가면 백 스윙이 충분하다고 평가합니다.

2. 임팩트(Impact)

임팩트는 볼을 차는 순간 '발의 중심점'과 '볼의 중심점'이 정확히 맞닿는 시점을 뜻합니다. 이 순간, 두 중심점이 조금이라도 어긋나면 볼의 속도와 방향 모두 크게 떨어질 수 있습니다.

3. 팔로우 스윙(Follow-through swing)

백 스윙 이후 볼 쪽으로 빠르게 움직이는 스윙 전체를 말합니다. 백 스윙을 통해 축적된 스윙 에너지는 볼을 임팩트한 이후에도 움직이게 됩니다. 백 스윙부터 시작된 임팩트, 팔로우 스윙까지 하나의 동작으로 끝까지 연결되어야 합니다.

킥의 순서

'스윙의 원리'는 일반적으로 백 스윙, 임팩트, 팔로우 스윙의 3단계로 설명할 수 있습니다. 하지만 조금 더 깊이 들여다보면 실제로 '스윙'은 두 가지뿐입니다. 바로 백 스윙과 팔로우 스윙입니다. 그 사이에 존재하는 임팩트는 별개의 동작이 아니라 두 스윙 사이에서 자연스럽게 발생하는 물리적 현상에 가깝습니다. 강한 임팩트를 만들기 위해서는 두 스윙이 매끄럽게 연결되어야 하며, 임팩트는 그 흐름 속에서 순간적으로 형성되는 결과입니다. 그런데 많은 선수들이 임팩트만을 의식한 나머지 정작 그 전 단계인 백 스윙이 제대로 형성되지 못한 채 패스나 슈팅을 시도하는 경우가 많습니다. 그렇게 되면 자신이 의도한 방향과 속도로 볼을 보내기가 어려워집니다. 결국 중요한 것은 임팩트 하나만 떼어 내어 생각하는 것이 아니라 '스윙의 원리' 전체를 하나의 연속된 흐름으로 이해하고 연습하는 것입니다.

제가 이 '스윙의 원리'를 강조하며 교육하는 이유는 선수마다 신체 조건과 움직임의 메커니즘이 조금씩 다 다르기 때문입니다.

누구에게나 정답인 '완벽한 스윙'은 없습니다. 그래서 저는 이를 '나만의 스윙'이라고 부르며, 각자가 자신의 몸에 맞는 스윙을 찾아가는 과정을 중요하게 여깁니다. 인사이드 패스든 인스텝 슈팅이든 모든 '볼을 보내는 기술'은 결국 '나만의 스윙'을 바탕으로 완성됩니다. 심지어 뒤꿈치로 볼을 보내는 힐 킥조차도 이 '스윙의 원리' 안에서 이루어지는 동작입니다.

스페인 축구협회가 생각하는 패스의 정의

우리는 흔히 '패스'라는 기술을 볼을 가진 선수만이 수행하는 기술이라고 생각합니다. 하지만 제가 스페인에서 지도자 연수를 받을 당시, 기술 과목 교수님께서는 패스를 "팀 동료에게 볼을 전달하는 기술로, 두 명 이상의 팀 동료 선수들을 서로 연결시켜 주는 기술. 팀 스포츠에서 가장 기본이 되는 기술"이라고 정의하셨습니다. 여기서 중요한 포인트는 바로 '두 명 이상의 팀 동료 선수들'이라는 표현입니다. "왜 굳이 '2명 이상'이라고 정의했을까요?" 그 이유는 패스란 '볼을 주는 선수'와 '볼을 받는 선수' 두 명만이 수행하는 기술이 아니기 때문입니다. 진짜 의미 있는 패스는 '세 번째 선수', 즉 다음 상황을 예측하며 움직이는 팀 동료까지 포함될 때 완성됩니다. 여기서 말하는 '세 번째 선수'는 특정한 한 명을 의미하지 않습니다. '볼을 주는 선수'와 '볼을 받는 선수'를 제외한 나머지 모든 팀 동료가 이 개념에 포함됩니다. 예를 들어 공격 지역 오른쪽 측면에서 오른쪽 윙포워드가 앞 공간이 없어서 뒤에 있는 오른쪽 사이드백에게 패스한다고 가정해 봅시다. 이때 '세 번째 선수'는 사이드백 근처의 중앙 미드필더나 센터백뿐만 아니라 반대편에 있는 왼쪽 윙포워드나 왼쪽 사이드백까지도 포함됩니다. 왜냐하면 볼을 받은 선수가 그 누구에게든 패스할 가능성이 있기 때문입니다. 마치 양자역학에서 말하는 '중첩 상태'처럼 하나의 패스가 완성되기 전까지는 수많은 경로가 동시에 존재합니다. 다시 말해 패스란, 아직 실현되지 않은 움직임들의 가능성을 서로 연결하는 기술입니다. 이 개념을 이해하면 왜 스페인의 기술 과목 교수님께서 패스를 "두 명 이상의 같은 팀 동료들을 연결해 주는 기술"이라고 정의하셨는지, 그 깊은 의미가 더 선명하게 다가옵니다. 정리하자면 '볼을 주는 선수'는 '받는 선수'의 다음 선택까지 고려하면서 패스해야 하고, '볼을 받는 선수'는 '세 번째 선수'에게 이어질 플레이를 상상하며 움직여야 합니다. 이처럼 패스는 단순히 볼을 보내는 기술만이 아닙니다. 마치 쇠사슬처럼 연쇄적으로 팀 전체의 움직임을 이어 주는 기술입니다.

패스 유형별 기술 및 전술 목적

패스의 정확한 자세에 대한 내용은 이미 다양한 축구 교육 서적과 동영상 자료를 통해 폭넓게 소개되어 있습니다. 그렇기에 이 책에서는 각 패스 유형의 기술적 특성과 전술적 활용 목적에 집중해서 간결하게 정리하고자 합니다. 이를 통해 실전 상황에서 어떤 패스를 왜 선택해야 하는지 보다 전략적으로 이해할 수 있게 될 것입니다.

1) 인사이드 패스

가장 기본적이면서 정확도가 높은 패스. 짧은 거리에서의 연결과 경기 리듬 유지에 효과적.

| 전술 목적 | 세밀한 패스 연결, 안정적인 빌드업 전개, 볼 점유율 확보

2) 아웃사이드 패스

고관절을 여는 동작이 없어 인사이드보다 빠른 타이밍으로 전달 가능. 휘어들어 가는 궤적과 타이밍으로 상대 수비 교란 가능.

| 전술 목적 | 상대 예측 무력화, 빠른 템포 플레이

3) 논스톱 패스

볼을 컨트롤하지 않고 첫 터치에 곧바로 전달하는 패스. 경기 속도를 높이며 수비 압박을 회피하는 데 유용.

| 전술 목적 | 공격 속도 향상, 탈압박, 콤비네이션 플레이 강화

4) 리턴 패스

패스를 받은 선수가 다시 원래 패스한 선수에게 되돌려주는 패스. 단순하지만 공간을 여는 데 효과적. (2보 전진을 위한 1보 후퇴)

| 전술 목적 | 수비 유도 및 공간 확보, 뒷공간 침투 플레이, 콤비네이션 플레이 강화

5) 공중 볼 패스

상대 수비수나 상대 팀 압박을 넘기 위해 볼을 공중으로 띄워서 전달하는 패스. 직선 혹은 곡선의 궤적을 통해 다양한 방향 패스 가능.

| 전술 목적 | 뒷공간 침투 플레이, 측면 전환, 타깃 맨 활용

6) 뒷공간 패스(스루 패스)

수비 라인과 골키퍼 사이 빈 공간으로 침투하는 동료에게 연결하는 패스.

| 전술 목적 | 수비 배후 공략, 속공 전개, 골 기회 창출

7) 방향 전환 패스

공간이 좁을 때 반대편의 넓은 공간으로 빠르게 전환하는 패스. 빈 공간 활용을 통한 팀 전체의 전진을 이끌어 내는 데 효과적.

| 전술 목적 | 수비 블록 붕괴, 볼 소유 유지, 빌드업 다양화

8) 크로스(Cross)

상대 진영 측면에서 중앙 지역으로 볼을 전달하는 패스. 공중 볼 혹은 땅볼 형태로 슈팅으로 연결하기 가장 쉬운 공격 루트.

① 컷백 크로스(Cut-back Cross)
페널티 박스 안 측면(하프 스페이스)에서 뒤쪽으로 낮게 깔아주는 패스.
| 전술 목적 | 수비 뒷공간 활용, 슈팅 기회 제공

② 레이트 크로스(Late Cross)
골 라인 가까이까지 전진한 후 올리는 패스. 땅볼 크로스도 가능하지만 공중 볼 크로스가 더 효과적.
| 전술 목적 | 골대 앞 공중 볼 상황 연출, 타깃형 공격수 활용

③ 얼리 크로스(Early Cross)
측면에서 페널티 박스 긴 면 진입 전 시도하는 빠른 타이밍의 크로스. 상대 팀의 수비 라인과 골키퍼 사이 뒷공간 활용 가능.
| 전술 목적 | 수비 정비 전 기습적인 기회 창출, 빠른 전개로 효과적인 역습 가능

이처럼 다양한 패스 유형들은 각기 다른 전술적 '의도'를 품고

있습니다. 만약 경기 중 패스 미스가 나온 장면을 보고 "인사이드 패스 훈련을 더 많이 해야겠다"라고만 피드백한다면 이는 단편적인 기술 평가에 그치는 1차원적인 피드백에 불과합니다. 물론 기술 연습도 중요하지만, 이러한 1차원적인 피드백만으로는 선수의 지속적인 성장을 이끌어 내기 어렵습니다. 경기의 흐름과 맥락이 빠져 있기 때문입니다. 패스 미스가 발생한 이유는 단순히 '기술이 부족해서'일 수도 있지만 그보다 더 근본적인 원인을 살펴야 할 때가 많습니다. 고차원적인 피드백을 하기 위해서는 다음과 같은 질문을 던질 수 있어야 합니다.

1. 볼을 받기 전에 주변 상황을 충분히 스캔했는가?
2. 바디 포지션은 적절하게 잡혀 있었는가?
3. 수비 압박이나 경기 흐름을 고려한 '전술적 선택'이었는가?
4. 팀 동료와 콜이나 제스처 등을 통해 의사소통이 이루어졌는가?
5. 더 나은 패스 종류는 무엇이었는가?

패스는, 패스를 수행하기 이전에 상황을 인지하고, 방향을 판단하며, 다음 플레이를 예상하는 '두뇌의 작동'이 선행되어야 합니다. 따라서 같은 인사이드 패스라도 선수의 상황 인지, 바디 포지션, 그리고 경기 상황과 팀 동료들의 움직임 등을 함께 고려해서 피드백해야 합니다. 지도자의 피드백뿐만 아니라 선수 스스로의 피드백 또한 기술 중심에서 '상황 중심'으로 전환되어야 합니다. 아이들에게 기술만 가르칠 것이 아니라 '왜 그 기술이 필요한지', '언제 사용해야 하는지'까지 함께 가르쳐야 합니다. 이러한 인식의 전환이 이루어질 때, 아이들은 '기술이 좋은 선수'를 넘어 '경기를 이해하고 상황을 해결할 수 있는 선수'로 성장할 수 있습니다.

패스를 잘 받고 잘하기 위한 습관 3가지

패스는 축구에서 가장 많이 사용되는 기술입니다. 많은 사람들이 패스를 그저 "볼을 동료에게 보내는 것"으로만 이해하지만, 실제로는 수많은 요소가 유기적으로 맞물려 이루어지는 기술입니다.

저는 현장에서 '좋은 패스'를 하기 위한 '습관 3가지'를 강조합니다. 그것은 바로 상황 인지(스캔), 바디 포지션 그리고 콜& 제스처입니다.

1) 상황 인지(스캔)

좋은 패스는 '볼을 터치한 뒤'가 아니라 볼을 받기 전에 이미 시작됩니다. 패스를 잘하는 선수는 볼을 받기 전에 어디로, 어떻게 연결할지를 미리 구상하고 움직입니다. 이 과정을 우리는 흔히 '스캔(scan)'이라고 부릅니다. 스캔은 단순히 주위를 둘러보는 행위가 아닙니다. 수비수의 위치, 동료의 움직임, 사용 가능한 공간 등을 빠르게 시각적으로 요약하고 머릿속에 '지도처럼' 저장하는 정보 처리 과정입니다. 예를 들어 중앙 미드필더가 볼을 받기 직전 2~3초 사이에 고개를 좌우로 두세 번 돌린다면 그 선수는 이미 다음 패스를 구상한 상태입니다. 반대로 아무런 스캔 없이 볼을 받는다면 그때부터 판단을 시작하게 되고, 수비 압박에 밀려 실수할 가능성이 훨씬 높아집니다. 스캔은 기술이 아니라 습관입니다. 처음엔 의식적으로 연습해야 하지만 반복 훈련을 통해 몸에 배면 자연스럽게 '스캔 → 정보 수집 → 확신의 판단 → 자신감 있는 플레이'의 리듬이 형성됩니다. 이 능력이 쌓이면 선수는 경기 흐름에 끌려가는 존재에서 경기 흐름을 이끄는 플레이메이커로 성장하게 됩니다.

2) 바디 포지션(Body Position)

아무리 상황 인지와 스캔을 잘했더라도 몸 자체가 볼을 받을 준비가 되어 있지 않다면 좋은 패스로 연결되기 어렵습니다. 그래서 축구에서는 '바디 포지션'이라는 개념을 매우 중요하게 가르칩니다. 제가 생각하는 바디 포지션이란 "볼, 수비, 동료, 공간 등 경기 중 발생하는 다양한 정보를 최대한 많이 얻을 수 있도록 도와주는 준비 자세"입니다. 등을 지고 볼을 받는 것과 몸을 열어 두고 시야를 확보한 상태에서 볼을 받는 것의 차이는 상상 이상으로 큽니다. 전자는 수비 압박을 정면으로 받아야 하는 반면, 후자는 수비 압박을 보면서 플레이할 수 있는 여유를 제공합니다. 좋은 바디 포지션의 핵심 요소는 다음과 같습니다.

① 볼이 오는 방향과 공격 전개할 방향이 일직선상에 있지 않도록 한다.
② 볼을 받기 전, 몸의 각도를 45도 이상 열어 시야를 확보한다.
③ 볼을 받기 전, 수비수의 위치, 동료의 움직임, 빈 공간을 먼저 확인한다. 시간이 없다면 최소한 수비수의 위치만큼은 확인한다.

실전에서는 바디 포지션 하나만 바꿔도 다음 플레이의 성공률이 놀랄 만큼 올라갑니다. 미드필더는 물론 수비수와 공격수 모두가 반드시 익혀야 할 기본적인 습관입니다.

3) 콜 & 제스처(Call & Gesture)

좋은 패스를 위해서는 '패스를 잘하는 선수'만 필요한 것이 아닙니다. '패스를 잘 받는 선수'가 함께 있어야 합니다. 패스를 잘 받기 위해서는 '콜'과 '제스처'가 필요합니다. 콜은 말 그대로 소리로 동료에게 자신의 위치나 의도를 전달하는 것이고, 제스처는 손짓, 몸짓 등을 통해 시각적으로 신호를 주는 것입니다. 이 두 가지는 패스의 정확도와 성공률을 높이는 데 결정적인 역할을 합니다. 특히 실전 경기에서는 1~2초의 판단이 결과를 좌우하기 때문에 사소해 보이는 콜 하나, 손짓 하나가 전체 플레이의 흐름을 바꾸기도 합니다.

대표적인 콜 10가지와 의미

① "뒤에 간다!"
　→ 등 뒤에서 상대가 압박해 오고 있음을 알려 주는 콜.

② "돌아서!"
　→ 주변에 압박이 없으니 전방으로 돌아서라는 콜.

③ "클리어!"
　→ 위험 지역이므로 지체 없이 멀리 걷어 내라는 콜.

④ "리턴!"
　→ 받은 볼을 다시 자신에게 되돌려 달라는 콜.

⑤ "2 대 1!"
　→ 수비수 1명을 두고 패스를 주고받고자 다시 자신에게 패스를 달라는 콜.

⑥ "뒷공간!"
　→ 상대 수비 라인 뒤에 빈 공간이 있으니 그쪽으로 패스하라는 콜 또는 그쪽으로 침투하라는 콜.

⑦ "반대!"
　→ 방향 전환 패스가 필요한 타이밍이라는 콜.

⑧ "소유!"
　→ 주위에 아무도 없으니 급하게 전진하지 말고 잠시 볼을 소유하며 재정비하자는 콜.

⑨ "1 대 1!"
　→ 상대 수비수를 상대로 1:1 돌파 드리블을 시도해 보라는 신호.

⑩ "지연!"

→ 동료가 내려올 때까지 태클하지 말고 상대 공격을 최대한 지연하라는 콜.

지도자마다 '콜'의 명칭이 달라질 수 있겠지만, 축구에서 공유되는 전술 언어입니다. "지연!", "반대!", "리턴!" 같은 짧은 단어들이지만, 이 안에는 팀 전술, 위치, 방향, 타이밍까지 함께 담겨 있습니다. 아이들에게 이 콜을 '외우게 하는 것'도 물론 중요합니다. 하지만 그것만으로는 충분하지 않습니다. 진짜 핵심은 각 콜이 어떤 상황에서 사용되는지 이해하고, 실제 경기에서 자연스럽게 사용할 수 있도록 훈련하는 것입니다. 그래야만 콜 플레이가 '팀 플레이의 수단'으로 작동할 수 있습니다.

대표적인 제스처 5가지와 의미
① 오른손 내밀면서 오른쪽으로 달리기
   → 오른쪽 빈 공간으로 패스를 요청할 때 사용.
② 왼손 내밀면서 왼쪽으로 달리기
   → 왼쪽 빈 공간으로 패스를 요청할 때 사용.
③ 양손 내밀면서 기다리거나 볼 쪽으로 내려오기
   → 자신의 발밑으로 패스를 요청할 때 사용.
④ 머리 위로 한 손 올리며 달리기
   → 자신이 달려가는 수비 뒷공간으로 패스를 요청할 때 사용.
⑤ 양손을 머리 위로 들어 좌우로 흔들기

→ 반대편 동료에게 자신에게 빈 공간이 열려 있으므로 방향 전환 패스를 달라고 요청할 때 사용.

만약 축구와 같은 팀 스포츠가 아닌, 개인 스포츠를 배운다고 한다면 선수 본인이 경기 중에 콜이나 제스처를 굳이 사용할 필요는 없습니다. 왜냐하면 함께 소통해야 할 상대 자체가 존재하지 않기 때문입니다. 하지만 축구는 혼자 하는 스포츠가 아닙니다. 동료들과 함께 경기를 풀어가는 팀 스포츠이기 때문에, '동료와의 소통 능력'은 '기술 능력' 못지않게 중요한 요소입니다. 패스를 주고받는 타이밍, 자신의 움직임을 알리는 제스처, 상대 수비의 상태를 공유하는 콜 등은 모두 우리 팀 전체의 움직임을 조율하고 완성도 있는 플레이로 이끄는 핵심 커뮤니케이션이기 때문입니다. 콜은 말의 언어, 제스처는 몸의 언어입니다. 이처럼 축구에서 사용되는 언어를 익힌다는 것은 팀워크를 높이고, 전술을 활용하며, 경기 흐름을 읽는 능력까지 함께 성장시킬 수 있는 열쇠가 됩니다.

제가 소개한 대표 콜 10가지와 제스처 5가지는 유소년 선수들이 실제 경기에서 더 빠르게 판단하고, 더 효과적으로 소통하며, 더 주도적인 플레이를 펼칠 수 있도록 돕는 실전 도구입니다. 이러한 '축구 언어'의 습득은 단기간에 경기력을 끌어올리는 데 효과적인 방법이 될 수 있습니다. 이번 챕터에서 우리는 '패스'라는 기술을 단순한 동작이 아니라 팀을 연결하고, 경기를 이해하는 언어로 바라보았습니다. 모든 패스는 '스윙의 원리' 위에서 이루어지며,

좋은 패스는 스캔, 바디 포지션, 콜 & 제스처와 같은 축구 지능의 습관 속에서 만들어집니다. 또한 '세 번째 선수'의 개념과 콜과 제스처를 통한 전술적 소통 능력까지 배우면서 패스가 단지 발끝에서 끝나는 기술이 아니라 경기의 흐름과 리듬을 설계하는 도구라는 사실도 함께 익혔습니다. 우리가 가장 자주 사용하고 가장 쉽게 여기는 기술일수록 그 안에 담긴 의미와 개념을 되짚어 볼 필요가 있습니다.

우리는 '패스'라는 기술 하나만으로도 축구에서 필요한 이해력, 소통, 경기 읽는 힘까지 확장할 수 있다는 사실을 배웠습니다. 기술은 결국 개념을 담는 그릇입니다. 그리고 그 개념은 아이들이 '축구를 이해하는 수준'을 결정합니다. 이제 축구 경기의 꽃이라고 불리는 또 하나의 '볼을 보내는 기술'인 슈팅에 대해 함께 배워 보겠습니다.

축구의 기본 기술 - 슈팅

16

축구에서 '골'은 가장 짜릿한 순간이고, 슈팅은 그 순간을 만들어 내는 기술입니다. 경기의 결과를 결정짓는 기술인 만큼 많은 교육생들이 가장 배우고 싶어 하는 기술이기도 합니다. 하지만 지도자 입장에서 슈팅은 가장 가르치기 까다로운 기술입니다. 다른 기술은 천천히 자세를 잡아가며 교정할 수 있지만, 슈팅은 교육생 스스로도 '강하게 차고 싶다'는 욕구가 커서 본인의 스윙을 제어하지 못하는 경우가 많기 때문입니다. 그럼에도 이번 챕터에서 소개하는 '슈팅 개념'을 제대로 이해하고 자신에게 적용해 간다면, 다른 어떤 기술보다 빠르게 실력을 향상시킬 수 있을 것입니다. 실제로 엘리트 유소년 선수부터 성인 아마추어 교육생까지 제가 다음에서 소개하는 다양한 개념들을 바탕으로 훈련한 결과, 눈에 띄는 성장세를 보인 사례들이 많았습니다.

슈팅은 미세한 움직임 하나, 아주 작은 어긋남만으로도 결과가 크게 달라지는 기술입니다. 그렇기에 이 챕터에서 제시하는 여러 개념 중 자신에게 가장 잘 맞는 '처방'을 스스로 찾아서 적용해 보시길 권장해 드립니다.

지난 챕터에서 배운 내용을 간단히 복습해 보겠습니다. 드리블과 볼 컨트롤은 '볼을 소유하는 기술'로 패스와 슈팅은 '볼을 보내는 기술'로 분류했습니다. 그리고 이 '볼을 보내는 기술'을 잘 수행하려면 무엇보다 '스윙의 원리'를 이해하는 것이 중요하다고 말씀드렸습니다. 자, 여기서 질문 하나 드리겠습니다. "스윙의 원리를 구성하는 요소는 무엇일까요?"

정답은 '백 스윙 → 임팩트 → 팔로우 스윙'입니다.

이 세 가지가 유기적으로 연결되어야만 효과적인 패스와 슈팅을 구사할 수 있게 됩니다. 당연히 슈팅은 패스보다 더 빠른 속도로 볼을 보내야 합니다. 수비수의 발을 피하고 골키퍼를 통과해서 골대 안에 볼을 넣기 위해서는 볼의 속도를 높이는 방법을 알고, 그것을 자신의 몸으로 구현할 수 있어야 합니다. 사람들 대부분은 슈팅의 속도를 결정짓는 첫 번째 요소로 '근력'을 떠올립니다. 하지만 저는 근력이 부족해도 슈팅의 속도는 충분히 높일 수 있다고 생각합니다. 핵심은 이 두 가지입니다.

① 스윙의 속도

② 볼의 중심점 임팩트

정리하자면, 슈팅의 속도를 결정하는 요소의 우선순위는 다음과 같습니다.

> 스윙 속도 → 볼의 중심점 → 근력

특히 아직 근력이 충분히 발달하지 않은 유소년 선수들에게는 근력으로 볼을 강하게 차는 방식이 아니라 '스윙의 속도를 빠르게 내는 방법'과 '볼의 중심점에 발의 중심점을 정확하게 맞추는 방법'을 가르치는 것이 중요합니다. 이를 위해서는 먼저 자신의 몸에 잘 맞는 자연스러운 스윙의 궤도를 찾아야 하며, 그 궤도 속에서 발의 중심점이 볼의 중심점을 정확히 맞추는 감각을 반복 훈련을 통해 체화해야 합니다. 작은 체구의 유소년 선수도 이 감각이 익숙해지면 볼을 강하게 차려고 억지로 힘을 쓰지 않아도 정교한 슈팅을 구사할 수 있게 됩니다. 다시 말해 이 시기의 훈련 목표는 '강한 슈팅을 하도록 만드는 것'이 아니라 '나만의 스윙 안에서 볼의 중심점을 정확히 임팩트할 수 있는 습관을 기르는 것'입니다. 비행기는 이륙하기 전에 반드시 긴 활주로를 달리며 속도를 높입니다. 이는 충분한 추진력을 확보해야만 무거운 기체가 공중으로 떠오를 수 있기 때문입니다. 이 원리는 슈팅에도 그대로 적용됩니다. 볼에 속도를 실어 주기 위해서는 백 스윙이라는 '추진 거리'가

충분히 확보되어야 합니다. 백 스윙의 폭이 좁으면 스윙 속도가 나오지 않고, 스윙 속도가 없으면 결국 근력에만 의존한 슈팅이 될 수밖에 없습니다. 그런데 아직 성장 중인 유소년 선수들에게 근력 기반의 슈팅을 시도하게 하면 자세가 무너지고, 무릎이나 발목, 햄스트링 등에 과도한 부하가 쌓여 부상 위험이 커질 수 있습니다. 그렇기에 유소년 시기의 슈팅 훈련은 '강하게 차는 법'이 아니라 '나만의 스윙을 만들고, 그 스윙을 볼의 중심점에 정확하게 맞추는 방법'부터 배워야 합니다. 이를 위해 저는 〈백 스윙 훈련 프로그램〉을 고안했습니다. 이 훈련은 기댈 수 있는 벽만 있다면, 실내든 실외든 어디서든 반복할 수 있도록 설계된 루틴입니다. 실제로 제가 이 프로그램을 교육 영상으로 제작하면서 "단언컨대, 최고의 슈팅 훈련입니다."라는 제목을 붙였을 만큼 강력히 추천드리는 훈련입니다. 처음에는 자신의 주발부터 훈련을 시작하시길 권장드립니다. 주발의 백 스윙 동작이 완벽하지는 않더라도 어느 정도 자연스럽고 안정적으로 반복되기 시작하면, 그때부터 반대 발 훈련도 포함해서 확장시켜 나가는 것이 효과적입니다. 미세한 동작은 익숙한 발부터 감각을 정리해 두어야, 이후 반대 발에도 그 기억과 감각을 떠올리며 쉽게 전이시킬 수 있기 때문입니다. 이 원리는 슈팅뿐만 아니라 다른 기술 훈련에도 동일하게 적용됩니다.

예를 들어 오른발잡이라면 왼팔을 벽에 붙이고, 몸을 벽 쪽으로 약 45도 기울인 상태에서 다음 세 가지 원칙을 지켜 연습합니다.

1. 몸의 중심을 벽에 기댄 상태에서 다리의 방향이 대각선으로 움직이도록 할 것.
2. 무릎을 굽히는 동시에 허벅지 또한 함께 뒤로 빠지도록 스윙할 것.
3. 뒷꿈치가 엉덩이 높이까지 부드럽게 올라오도록 할 것.

이 훈련을 통해 선수는 자신의 신체 조건에 맞는 백 스윙의 적정 폭을 찾아가게 되고, 슈팅 시 힘을 억지로 쓰지 않아도 속도와 탄력이 살아 있는 자연스러운 스윙 궤도를 만들어 갈 수 있습니다. 다시 한번 강조드립니다. 슈팅을 처음 배울 때는 '근력'이 아니라 '스윙'으로 수행해야 합니다. 그것이 축구를 부상 없이 즐길 수 있는 가장 안전한 출발점입니다.

저는 손웅정 감독님의 교육 철학을 깊이 존경합니다. 특히 기술을 체계적으로 구성하고, 철저하게 원칙 중심으로 접근하시는 점에서 많은 영감을 받았습니다. 다만 슈팅에 관해서는 훈련의 시기와 방향성 면에서 제 교육 철학과는 다른 분명한 차이점이 있습니다. 예를 들어 손웅정 감독님은 손흥민 선수가 고등학교 1학년이 되던 해에 처음으로 본격적인 슈팅 훈련을 시작하셨다고 합니다. 성장기 선수의 관절, 근육, 인대 상태를 고려해 그 이전까지는 슈팅을 시키지 않으셨다고 합니다. 반면 저의 경우, 초등학교 고학년 시점부터 슈팅 훈련을 시작합니다. 여기서 말하는 '슈팅 훈련'은 단순히 볼을 강하게 차는 훈련이 아닙니다. '스윙의 원리'를 바탕으로 각 선수가 자기 몸에 맞는 스윙 구조를 설계하고 익혀가는 훈련입니다. 이 시기의 유소년 선수들은 친선 경기나 공식 대회에서 골을 직접 넣어 보는 경험을 통해 축구의 재미와 열정 그리고 배움에 대한 동기를 자연스럽게 갖게 됩니다. 그래서 저는 손웅정 감독님의 철학과는 조금 다르게 '자신만의 스윙을 만드는 훈련'은 가능한 한 이른 시점부터 시작하는 것이 효과적이라고 생각합니다. 왜냐하면 2차 성장 이후에는 이미 굳어진 자세나 움직임을 교정하는 데 훨씬 더 많은 시간과 에너지가 들기 때문입니다.

자, 이제 본격적으로 '슈팅의 원리'에 대해 이야기해 보겠습니다. 빠르고 정확한 슈팅을 하기 위해서는 가장 먼저 '볼의 중심점'이라는 개념을 이해해야 합니다. 볼의 중심점은 말 그대로, 볼의 좌우 중심선과 상하 중심선이 만나는 지점입니다. 볼을 정면에서 바라보면 정중앙에 딱 하나의 점이 떠오를 겁니다. 그 지점이 바로 볼의 중심점입니다. 그런데 여기서 한 가지 더 중요한 감각이 있습

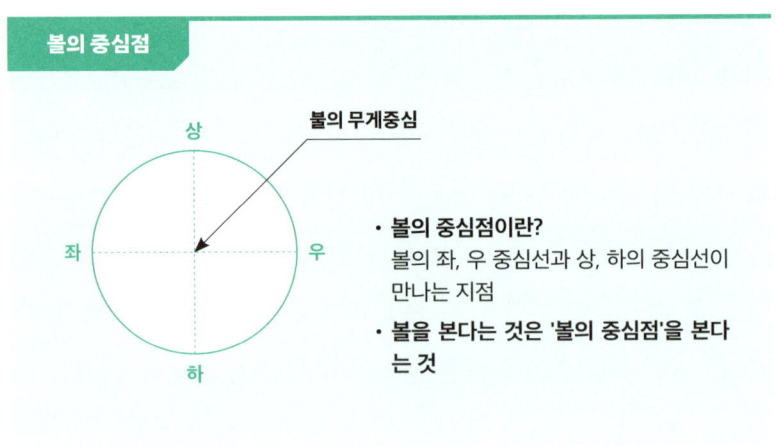

니다. 바로 '내가 노리고 있는 골대 안 빈 공간'을 중심으로 '볼의 중심점'을 찾아 내는 것입니다. 슈팅은 단순히 볼을 차는 동작이 아닙니다. 결국 '내가 원하는 공간'으로 볼을 정확히 보내는 동작입니다. 슈팅의 도움닫기를 시작하기 전부터 골대 안의 '빈 공간'을 확인하고 그 방향과 일치하는 '볼의 중심점'을 시각화하는 것이 중요합니다. 시간적 여유가 없더라도 눈으로 확인하지 못한다면, 상상력을 통해 '빈 공간'을 만들어 내고 그 방향에 맞춰 '볼의 중심점'을 그려 내야 합니다.

만약 이러한 목적성 없이 그저 '볼 전체'를 바라본 채 슈팅한다면, 볼의 방향은 자연스럽게 골대 중앙으로 향하게 되어 결과적으로 골키퍼에게 패스하는 형태의 슈팅이 되어 버립니다.

이렇게 사전에 '볼의 방향'과 '볼의 중심점'을 이미지화해 두면 발의 중심점과 볼의 중심점이 정확하게 임팩트될 가능성이 높아집니다. 즉 해당 슈팅이 '골'이 될 가능성이 높아집니다. 저는 선수가 '볼을 본다'는 것이 단순히 볼의 테두리를 바라보는 것이 아니라 '볼의 중심점'을 바라보는 것이라고 가르칩니다. 그리고 실제로 '볼의 중심점'을 보고 슈팅하는 선수와 볼의 바깥 테두리만 보고 슈팅하는 선수 사이에는 시간이 지날수록 뚜렷한 차이가 나타납니다. 그 차이는 결국 '골 결정력'이라는 결과로 나타난다고 저는 생각합니다. 그래서 슈팅 훈련에서는 '나만의 스윙'을 적용할 볼의 중심점을 주시하는 훈련이 반드시 포함되어야 합니다. 볼의 중심

1 킥 포인트 사용 부위
1. 땅 볼 인사이드 킥
2. 땅 볼 인프런트 킥
3. 땅 볼 아웃프런트 킥
4. 땅 볼 인스텝 킥
5. 땅 볼 토 킥
6. 땅 볼 힐 킥

2 킥 포인트 사용 부위
1. 공중 볼 인프런트 킥
2. 공중 볼 아웃프런트 킥
3. 공중 볼 인스텝 킥

3 킥 포인트 사용 부위
1. 공중 볼 인프런트 킥
2. 공중 볼 아웃프런트 킥
3. 공중 볼 인스텝 킥
4. 공중 볼 칩 킥

1 킥 포인트 사용 기술
1. 단거리 패스
2. 중거리 패스(25m~)
3. 단거리 슈팅
4. 중거리 슈팅(25m~)

2 킥 포인트 사용 기술
1. 얼리 크로스(Near)
2. 레이트 크로스(Near)
3. 프리킥(예: 인프런트 슈팅)
4. 중거리 패스(25m~)
5. 중거리 슈팅(25m~)

3 킥 포인트 사용 기술
1. 수비 상황 볼 클리어
2. 얼리 크로스(Far)
3. 레이트 크로스(Far)
4. 장거리 패스(35m~)
5. 장거리 슈팅(35m~)
6. 칩 킥(슈팅 or 패스)

점을 볼 수 있고, 그 지점을 정확히 임팩트할 수 있다는 것은 상황에 따라 중심점을 자유롭게 옮기며 다양한 기술을 구사할 수 있다는 것과 같습니다. 다시 말해 '볼의 중심점을 볼 수 있는 눈'과 '그 지점을 임팩트할 수 있는 스윙의 감각'은 골 결정력을 넘어 '볼을 보내는 기술' 전체의 질을 결정짓는 핵심입니다. 슈팅은 '과녁에 화살을 쏘는 기술'입니다. 이는 마치 활시위를 당겨 과녁에 조준하고, 화살을 쏘는 것과 같은 섬세한 기술입니다. 그런데 많은 선수들이 "강하게 차야 한다"는 생각에만 몰입한 채 활을 어디로 조준해야 할지도 모른 채 무작정 시위를 당기고 있습니다. 그러면 아무리 힘이 좋아도 과녁을 맞출 수 없습니다. 슈팅도 마찬가지입니다. 볼의 어디를 내 발의 어디로 맞춰야 할지 모른 채 무작정 스윙만 해서는 원하는 결과를 만들 수 없습니다. 그래서 훈련을 반복할수록 다음 질문을 스스로에게 던져야 합니다. '내 발의 중심이 볼의 어느 지점에 정확히 맞닿았는가?' 이 한 가지 질문이 슈팅의 속도와 높이, 그리고 방향까지 결정합니다. 그리고 이 세 가지 요소가 내 의도대로 컨트롤되기 시작했을 때 슈팅의 결정력과 패스의 정밀도는 자연스럽게 한 단계 올라섭니다. 이 감각을 이해하고 적용하는 것, 바로 그것이 '정확한 킥'을 향한 첫걸음입니다.

특히 ①번 포인트, 즉 볼의 정확한 중심점을 임팩트하는 능력은 프로축구 선수를 꿈꾸는 유소년이라면 반드시 체화해야 할 핵심 기술입니다. 이건 단순히 "정확히 차자"는 수준의 이야기가 아닙니다. 도움닫기를 시작하는 찰나의 순간, 어떤 킥 포인트를 기준으로 '나만의 스윙'을 수행할 것인지 즉각적으로 인지할 수 있어야 하고, 그 포인트를 중심으로 자연스럽게 스윙을 적용할 수 있는 감각이 몸에 습관처럼 배어 있어야 합니다. 천천히 시간을 두고 임팩트하는 건 누구나 할 수 있습니다. 하지만 실전에서는 상대 수비가 그런 여유를 허락하지 않습니다. 공격수가 슈팅 타이밍을 잡고 있을 때 느긋하게 기다려 주는 수비수는 존재하지 않기 때문입니다. 결국 슈팅이라는 기술은 '나만의 스윙'을 정확하게 구사하는 것뿐만 아니라, 빠른 판단력과 대담함까지 함께 갖춰야 완성되는 고난이도 기술입니다. 그리고 이 어려운 기술을 보다 쉽게 배울 수 있도록 도와주는 것이 바로 〈킥 포인트 분류표〉입니다. 킥 포인트 분류표는 내가 어떤 기술을 사용할지 결정했을 때 어느 지점을 임팩트 기준점으로 삼아야 원하는 궤도와 방향이 나오는지를 안내해 주는 '지도'이자 '좌표계'입니다. 앞서 말씀드렸듯이, '킥'이라는 단어에 '패스' 또는 '슈팅'을 붙이면 그것만으로도 하나의 기술이 됩니다. 하지만 그 기술을 '내 것'으로 만들기 위해서는 기술의 출발점인 킥 포인트를 얼마나 정확하게 인지하고, 그 감각을 몸으로 구현해 낼 수 있느냐가 결정적인 차이를 만듭니다. 지금까지 이론적으로 슈팅을 잘하는 방법에 대해 설명했다면, 이제부터는 실제 교육 영상과 함께 그 개념이 어떻게 적용되는지 보다 구체적으로 설명드리겠습니다.

첫 번째 영상입니다. 앞서 소개해 드린 〈백 스윙 훈련 프로그램〉에서 왜 '벽에 몸을 기대고' 훈련하라고 말씀드 렸는지, 이번 영상을 통해 분명히 이해하실 수 있을 것입니다. 슈팅은 마치 활시위를 정확히 겨누고 당
기듯, 온몸의 균형과 회전력을 정교하게 조율하는 '전신 스윙'을 필요로 합니다. 예를 들어 오른발로 백 스윙을 할 때는 왼팔을 반대 방향으로 쭉 벌려 주는 동작이 필요합니다. 이것은 멋을 내기 위함이 아니라, 몸의 회전력을 확장하고 백 스윙을 할 때 몸의 균형을 잡아 주는 '균형추' 역할을 하기 때문입니다. 인스텝 슈팅을 예로 들면, 팔과 발의 움직임이 대칭을 이룰 때 슈팅 임팩트 순간 볼에 불필요한 회전이 걸리지 않게 되고, 볼은 더욱 빠르고 정확하게 일직선으로 뻗어 나갈 수 있습니다. 특히 인스텝 슈팅에서는 발등으로 볼의 중심점을 정확히 임팩트하기 위해 임팩트 발 전체가 '대각선' 방향으로 스윙되는 것이 중요합니다. 왜냐하면 임팩트 발이 일직선으로 들어갈 경우, 발등을 쭉 편 상태에서는 디딤발보다 상대적으로 더 길어져 발끝이 지면을 끌거나, 스윙이 부자연스러워질 수 있기 때문입니다. 반면 디딤발을 평소보다 조금 더 멀리 디디고 임팩트 발을 자연스럽게 대각선 방향으로 스윙하면, 스윙 궤적이 어떤 방해도 받지 않으며 볼의 중심점에 정확히 임팩트할 수 있는 공간과 각도가 확보됩니다. 결국 디딤발의 위치와 임팩트 발의 각도는 전체 슈팅의 퀄리티를 결정짓는 핵심 변수입니다. 이러한 이상적인 자세와 감각을 익히기 위해 꼭 필요한 것이 바로 〈백 스윙 훈련 프로그램〉입니다. 강력히 추천드립니다.

두 번째 영상입니다. 이번 영상에서는 인스텝 슈팅에서 가장 중요한 개념 중 하나인 "발의 어느 부위로 볼을 차야 하는가?"에 대해 집중적으로 설명
드리겠습니다. 누구나 '볼의 중심점'은 비교적 쉽게 시각적으로 파악할 수 있습니다. 하지만 정작 "내 발의 중심은 어디인가?"라는 질문에는 확신 있게 대답하지 못하는 경우가 많습니다. 많은 분들이 축구화 끈 부근, 즉 발등의 정중앙을 임팩트 지점이라고 막연히 생각합니다. 하지만 사람마다 발의 길이, 발목의 유연성, 스윙의 궤도가 전부 다르기 때문에, '발의 중심점'은 공식처럼 정해진 것이 아니라는 점을 먼저 이해해야 합니다. 그리고 자신의 몸에 맞는 기준점을 바탕으로 감각적으로 체득해야 합니다. 이럴 때 필요한 것이 바로 기준점입니다. 저는 항상 이렇게 말씀드립니다. "정답은 없어도 기준은 있어야 한다." 이 기준점이 잡히면 감각의 방향이 설정되고 그 감각을 통해 내 몸에 맞는 '볼의 중심점'을 찾아낼 수 있습니다. 결국 이 모든 과정이 모여 자신만의 정확한 스윙 구조, 즉 '나만의 스윙'을 만들어 주는 것입니다.

그렇다면 이제 '발의 중심점'이 어디인지, 왜 그 지점을 기준으로 삼아야 하는지 구체적으로 설명드리겠습니다. 저는 인스텝 슈팅 시 가장 정확하고 강한 임팩트가 일어나는 지점을 엄지발가락과 두 번째 발가락이 시작되는 뿌리 부위의 발등이라고 생각하고 기준점을 잡고 있습니다. 저는 이 지점을 인스텝 슈팅의 '발의 중심점'으로 교육합니다. 왜냐하면 이 지점은 과학적으로도 스윙의 힘을 가장 직관적이고 효율적으로 볼에 전달할 수 있는 최적의 위치이기 때문입니다.

비슷한 원리를 야구에서도 볼 수 있습니다. 야구에서 가장 강하고 멀리 나가는 타구는 배트의 정중앙이 아니라 끝에서 약간 안쪽, 이른바 '스윗 스팟(Sweet Spot)'에 볼을 맞췄을 때 발생합니다. 축구도 마찬가지입니다. 발등 전체를 배트라고 본다면, 엄지발가락과 두 번째 발가락의 뿌리 부위는 바로 그 '스윗 스팟'에 해당하는 지점입니다. 저 역시 선수 시절, 발등을 곧게 펴고 정확히 찬다고 생각했는데도 자꾸만 발끝 쪽이 볼의 아랫부분을 먼저 건드려 볼이 의도치 않게 뜨는 현상이 반복되었습니다. 그 원인을 찾기 위해 수없이 반복한 끝에 결국 하나의 결론을 얻었습니다. 임팩트 다리를 약간 더 올린 상태로 스윙을 하고, 엄지발가락과 두 번째 발가락의 뿌리 부위로 볼의 중심점을 맞췄을 때 가장 정확하고 직선적인 슈팅이 완성되었다는 점이었습니다. 그 이후로 제 슈팅은 볼이 뜨지 않았고, 낮고 빠르고 무엇보다 정확하고 안정감 있게 바뀌었습니다. 이건 단지 저만의 개인적인 감각이 아닙니다. 10년 넘게 수많은 교육생들을 지도하면서 이 포인트를 적용한 결과, 가장 빠르고 드라마틱한 슈팅 변화가 나타났습니다.

꼭 기억하셨으면 하는 마지막 메시지는 "감각은 반복된 실패 속 미세 조정으로 완성된다"입니다.

볼이 떴다면 "왜 떴지?", 휘었다면 "왜 휘었지?"라고 스스로 질문해 보는 것이 '나만의 스윙'을 만들어 가는 과정의 시작입니다.

참고 | 다른 슈팅 유형의 '발의 중심점'

1. 인스텝 슈팅: (발등을 곧게 편 상태에서) 엄지발가락 + 두 번째 발가락 시작점의 뿌리 부위
2. 인프런트 슈팅: (발가락 전체를 위로 올린 상태에서) 엄지발가락 안쪽, 튀어나온 뼈 부위
3. 아웃프런트 슈팅: (발목을 안으로 살짝 오므린 상태에서) 네 번째 발가락의 뿌리 부위

세 번째 영상입니다. 슈팅 기술 중에서 가장 섬세한 조정이 필요한 지점이 있다면, 바로 팔로우 스윙을 할 때의 '무릎 각도'입니다. 전문적인 해부학
용어가 존재하겠지만, 실제 교육 현장에서는 복잡한 용어보다 직관적인 언어가 훨씬 효과적입니다. 그래서 저는 교육생들이 몸의 움직임을 더 쉽게 이해하고 따라올 수 있도록 다음과 같이 설명합니다.

1. 고관절에서 무릎까지를 '첫 번째 마디'
2. 무릎에서 발목까지를 '두 번째 마디'

이렇게 두 구간으로 구분해 설명하면, 특히 백 스윙 이후 팔로우 스윙을 할 때 자신의 하체 움직임을 보다 정교하게 인식하고 조절하는 데 큰 도움이 됩니다.

"만약 낮고 빠르게 나가는 슈팅을 하고 싶다면?" 핵심은 간단합니다. 백 스윙 이후 첫 번째 마디(고관절~무릎)와 두 번째 마디(무릎~발목)를 함께 팔로우 스윙에 동원하는 것입니다. 이렇게 하면 백 스윙 시 살짝 굽혀져 있던 무릎이 그대로 유지된 채 임팩트까지 자연스럽게 연결되면서, 그 결과 발등이 볼의 옆면을 정통으로 가격하게 됩니다. 이때 발끝이 볼 아래를 건드리지 않기 때문에 볼이 뜨지 않고 지면을 타고 미끄러지듯 낮고 빠르게 날아갑니다. 많은 선수들이 꿈꾸는 바로 그 슈팅. 관중의 함성을 자아내는, 골문 안 그물을 찢을 듯 파고드는 '빨랫줄처럼 날아가는 슈팅'은 바로 이렇게 완성됩니다.

"만약 공중으로 포물선을 그리는 패스를 하고 싶다면?" 핵심은 팔로우 스윙 시 어느 마디를 활용하느냐에 달려 있습니다. 이 경우 백 스윙 이후 첫 번째 마디(고관절~무릎)는 고정한 채, 두 번째 마디(무릎~발목)만으로 팔로우 스윙을 합니다. 이렇게 스윙을 구성하면 백 스윙 때 굽혀져 있던 무릎만 펴지게 되고, 스윙하는 발의 길이는 디딤발보다 상대적으로 길어지며 볼의 아랫부분을 임팩트하는 궤도가 자연스럽게 만들어집니다. 물론 이때도 중요한 포인트가 하나 있습니다. 디딤발과 볼 사이의 간격을 충분히 확보해야 합니다. 그래야 임팩트 발이 자연스럽게 대각선으로 들어가며 발끝이 땅에 끌리지 않습니다. 발이 대각선으로 들어가기 때문에 임팩트되는 발의 중심점은 '엄지 발가락'이 되겠습니다. 그 결과, 볼이 자연스럽게 포물선을 그리며 떠오르게 되어 수비수의

다리 각 마디별 사용에 따른 볼의 궤도 변화

사용 부위	볼의 궤도
첫 번째 마디 + 두 번째 마디	낮고 빠른 슈팅
두 번째 마디만 사용	포물선을 그리는 공중 볼 패스

키를 넘기고 정확히 동료의 발 앞에 떨어지는 절묘한 공중 볼 패스가 완성됩니다. 물론 실전에서는 첫 번째 마디를 고정한다고 해도 어느 정도는 자연스럽게 함께 움직일 수밖에 없습니다. 하지만 여기서 중요한 것은 그 움직임을 '의식적으로 조절할 수 있느냐'는 것입니다.

이처럼 어떤 마디를 '주도적으로' 사용하는지에 따라 볼의 궤도는 완전히 달라집니다. 이제부터는 무작정 볼을 차기보다는 경기 상황에 따라 '어떤 마디를 어떻게 써야 할지' 알고 차는 습관을 만들어 보시기 바랍니다. 그 작은 인식 하나가 당신의 슈팅 궤도와 공중 볼 패스의 궤도 그리고 축구를 바라보는 시야까지 바꾸어 놓을 것입니다.

상황 해결 능력 - 상황 인지 능력

17

축구는 점점 더 단순해지고 있습니다. 십여 년 전만 해도 한 선수의 화려한 드리블 한 장면만으로도 관중의 탄성을 자아낼 수 있었습니다. 그러나 이제 그런 장면은 점점 보기 어려워졌습니다. 화려한 발재간보다 '생각의 속도'와 '판단의 정확성'이 승부를 가르는 시대. 이제 축구는 더 단순해졌지만, 그 안의 사고 구조는 오히려 더 정교해지고 있는 셈입니다. 마치 예전엔 전화만 가능했던 휴대폰이 지금의 스마트폰으로 진화했듯이 말입니다. 우리는 이제 더 이상 과거의 축구로 돌아갈 수 없습니다. 현대 축구에 적응하고 미래 축구를 준비해야 합니다.

이제는 아무리 개인 기술이 뛰어나더라도 경기 상황을 읽지 못하면 그 기술은 결정적인 순간에 무용지물이 됩니다. 반면 화려한 기술이 없어도 언제, 어디서, 무엇을 해야 할지 빠르게 판단할 수 있는 선수는 경기의 흐름을 주도하며 팀의 중심이 될 수 있습니다. 결국 이러한 판단의 출발점에 있는 것이 바로 '상황 인지 능력'입니다. 과거에는 '볼을 잘 다루는 기술'이 곧 축구 실력의 척도였습니다. 하지만 지금은 경기의 전체 흐름을 읽고, 다음 상황을 예측하며 대응할 수 있는 선수가 더 높이 평가받고 있습니다. 다시 한번 말씀드립니다. 축구는 분명 단순해지고 있지만, 그 안에서 요구되는 사고 구조는 오히려 더 정교해지고 있습니다.

기술보다 먼저 작동하는 감각

많은 학부모님들은 이렇게 말씀하십니다. "우리 아이는 기술은 괜찮은데, 실전에서는 잘 못 써요.", "드리블을 시도해도 되는 타이밍 같은데, 자꾸 패스만 해요." 이 말들에는 한 가지 공통된 맥락이 숨어 있습니다. 기술은 가지고 있지만 '언제, 어디서, 어떻게' 써야 할지를 모른다는 것입니다. 즉 이는 기술의 문제가 아니라 기술 이전의 '인지 능력' 문제입니다. 축구에는 '타이밍'이라는 요소가 분명히 존재합니다. 드리블이 통하는 타이밍, 패스를 보내야 할 타이밍, 슈팅을 시도해야 할 타이밍 등 각 상황마다 최적의 순간은 다릅니다. 그리고 그 타이밍을 감지하고 선택하는 가장 첫 번째 움직임이 바로 '인지' 또는 '지각'입니다. 이 책에서는 두 개념을 아울러 '인지'라는 용어로 통합해 설명하겠습니다. 기술은 인지 다음입니다. 선수의 몸이 먼저 경기 상황에 반응하고 그 속에서 더 나은 선택지를 찾아내는 이 감각의 흐름이 바로 축구에서 말하는 '상황 인지 능력'의 핵심입니다.

인지 능력은 무엇인가?

축구에서 선수는 매 순간 수많은 정보를 받아들입니다. "나는 지금 어디에 있는가?", "볼은 어떤 방향으로 흘러가고 있는가?", "상대는 어떤 압박을 하고 있으며, 우리 팀은 어떻게 움직이는가?" 이러한 정보들은 단순히 눈으로 '보는 것'에서 끝나지 않습니다. 눈을 통해 들어온 시각 정보는 전기 신호로 변환되어 뇌로 전달되고 다음 5단계 과정을 거쳐 최종적인 행동으로 이어집니다.

① 시각 정보 수집: 주변 상황을 빠르게 스캔합니다.
② 선택적 집중: 수많은 정보 중 핵심 정보만을 선별합니다.
③ 기억과 비교: 과거의 경험, 유사한 상황과 대조합니다.
④ 판단과 결정: 가능한 선택지 중 가장 유리한 수를 선택합니다.
⑤ 행동 실행: 뇌의 명령에 따라 근육이 반응하며 기술이 수행됩니다.

즉 기술은 뇌가 내린 판단의 '결과물'입니다. 눈과 뇌가 먼저 반응하고, 그 이후에야 발과 몸이 움직입니다. 축구는 전신으로 수행하지만 그 출발은 항상 '두뇌'에서 시작됩니다. 인지 능력은 타고나는 것이 아닙니다. "이건 센스나 재능 아닌가요? 훈련으로 길러질 수 있나요?" 많은 분들이 이렇게 질문하십니다. 하지만 저의 대답은 단호합니다. "충분히 훈련으로 길러질 수 있습니다." 특히 유소년 시기는 뇌의 인지 회로가 빠르게 '정교화'되는 시기입니다. 이때 어떤 환경을 제공하느냐에 따라 선수의 사고 구조는 전혀 다르게 자라날 수 있습니다. 기술 훈련을 반복하는 것만큼, 상황을 인지하고 판단하는 훈련 역시 중요합니다. 오히려 그것이 경기력을 결정짓는 핵심 요소가 되기도 합니다.

제가 인지 능력의 중요성을 뼛속 깊이 체감하게 된 순간이 있었습니다. 바로 스페인 유학 시절이었습니다. 그곳의 지도자들은 축구를 '무빙 체스(Moving Chess)'라고 불렀습니다. 체스는 고정된 말과 보드에서 전략을 세우는 게임이지만, 축구는 모든 말(선수)이 끊임없이 움직입니다. 단 1초도 같은 상황이 반복되지 않습니다. 스페인의 유소년 지도자들은 축구라는 스포츠의 '복잡성'과 '변동성'을 누구보다 잘 이해하고 있었습니다. 그들은 특정 기술보다 어떤 상황에서도 스스로 대응할 수 있는 능력을 길러주는 데 집중했습니다. 실제로 다양한 미니 게임(Small-Sided Game)과 제약 조건 훈련을 통해 실전에서 마주하게 될 수많은 상황에 적응하도록 지도하고 있었습니다. 한국에서 유소년 선수 생활을 했던 제 눈에는, 그들의 훈련이 때론 지나치다 싶을 만큼 '상황 해결 능력'에 집착하는 것처럼 보였습니다.

한국과 스페인, 두 국가의 유소년 축구를 모두 경험해 본 결과 저는 하나의 결론에 도달했습니다. 한국 유소년 선수들에게는 '50:50'의 균형이 필요합니다. 즉 '축구의 기본 기술'과 '상황 해결 능력'을 동등하게 중요하게 여기고, 두 축을 균형 있게 교육해야 한다는 뜻입니다. 그 이유는 분명합니다. 한국의 유소년 선수들은 스페인처럼 4~5살부터 자연스럽게 풋살이나 클럽 활동을 통해 축구를 시작하는 구조가 아닙니다. 대부분 초등학교 3~4학년이 되어서야 본격적으로 엘리트 축구를 시작하고, 그때부터 리그와 대회에 참가합니다. 따라서 지나치게 '축구의 기본 기술'만 강조하거나, 반대로 '상황 해결 능력'만 강조하는 것 역시 아이들에게 균형 잡힌 교육이 될 수 없습니다.

기술과 판단 능력을 함께 길러야만, 비로소 한국 아이들도 기계처럼 움직이는 선수가 아닌 유럽 선수들처럼 '사람답게' 생각하고 판단하는 플레이어로 성장할 수 있습니다. 물론 '사람답게'라는 표현이 다소 낯설게 느껴질 수 있다는 점은 저도 알고 있습니다. 그럼에도 저는 이 단어를 선택했습니다. 왜냐하면 과거 축구 선수 시절, 어린 저의 모습과 스페인에서 지도자로 활동하며 마주한 스페인 선수들의 플레이를 비교해 봤을 때, 저는 단 한 번도 '사람답게' 축구를 배우거나 플레이한 적이 없었기 때문입니다. 정해진 전술, 반복된 패턴, 기계적인 움직임 속에서 생각 없이, 판단 없이, 몸만 움직이는 선수였을 뿐이었습니다.

그래서 저는 다음 세대인 우리 아이들에게 이 말을 꼭 전하고 싶습니다. "축구에서도 인생에서도 '한 사람'으로서 스스로 생각하고 스스로 플레이해야 한다."

인지 영역 5가지와 우선순위 3가지

상황 인지 능력은 다음과 같은 5가지 세부 영역으로 나눌 수 있습니다.

① 자기 인지: 내 위치, 내 상태, 내 역할에 대한 인식
② 상대 인지: 상대 위치, 수비 방법, 수비 의도 파악
③ 공간 인지: 빈 공간의 위치, 움직임 방향, 이동 경로 파악
④ 시간 인지: 빠르게 역습할지, 천천히 지공할지 판단
⑤ 팀 인지: 동료의 위치, 움직임, 전술 흐름 이해

이렇게 정리해 보면 인지 능력이 왜 중요하고 어떤 상황에서 어떻게 작동하는지 쉽게 이해할 수 있습니다. 프로 선수들은 이 5가지 영역을 무의식적으로 동시에 인지하며 플레이합니다. 하지만 유소년 선수들은 정보 처리 능력을 그만큼 갖추지 못했기 때문에, 저는 이 다섯 가지를 핵심 인지 영역 3가지로 축약하여 우선순위 중심의 교육을 진행하고 있습니다.

핵심 인지 영역 3가지 (유소년 선수 교육용 우선순위)

1순위 : 내게 가장 가까운 수비수의 위치와 수비 방법

2순위 : 우리 팀 동료의 위치와 움직임

3순위 : 패스 또는 슈팅할 수 있는 공간, 자신 또는 동료가 움직일 수 있는 공간

우선순위가 매겨져 있다는 것은 인지할 수 있는 시간이 짧을수록 먼저 인지해야 할 항목이 있다는 뜻입니다. 좁은 공간에서 패스를 받을 때, 수비수, 팀 동료, 빈 공간까지 모두 한 번에 확인할 수 있는 시간은 거의 없습니다. 이럴 때는 가장 먼저 내게 압박을 가하는 수비수부터 인지하고, 그 압박을 벗어난 다음에 2순위인 팀 동료의 위치 그리고 3순위인 빈 공간이나 골대를 확인해도 늦지 않습니다.

축구에서 사용하는 감각 기관

축구에서 선수는 주로 '시각, 청각, 촉각', 이 세 가지 감각을 사용합니다. 인간은 기본적으로 시각, 청각, 촉각, 후각, 미각의 다섯 가지 감각을 통해 외부 정보를 받아들입니다. 이 감각 정보는 전기 신호로 변환되어 뇌에 전달되며, 우리의 뇌는 이 신호들을 조합해 외부 세계를 해석하고 이해하고 상황을 구성합니다. 축구에

서는 그중 '시각'이 가장 중심이 되는 감각입니다. 하지만 '청각'과 '촉각' 또한 실전에서 매우 중요한 역할을 합니다. 예를 들어 우리 골대 방향으로 내려오는 공격수에게 패스할 때, 등 뒤에서 수비수가 빠르게 압박해 들어오고 있는 상황을 가정해 봅시다. 이때 공격수는 시야로 수비수를 직접 확인하지 못했지만, 패스를 주는 동료가 "리턴!" 또는 "뒤에 간다!"와 같은 콜을 해 준다면, 공격수는 '청각'을 통해 압박 상황을 인지할 수 있습니다. 이번에는 촉각을 예로 들어 보겠습니다. 등을 진 상태에서 수비수와 1 대 1로 경합하는 상황을 가정해 보겠습니다. 이때 공격수는 등 뒤에 있는 수비수를 시야로 직접 확인하기 어렵습니다. 따라서 수비수가 '기다리는 수비'를 하는지, '덤비는 수비'를 하는지를 시각적 판단이 아닌 자신의 양팔과 몸을 통해 전달되는 수비수의 압박감, 즉 신체적 '촉각'으로 파악해야 합니다. 이처럼 시각, 청각, 촉각이라는 세 가지 감각은 각각의 경로를 통해 뇌에 전달되고, 결국 '다음 플레이의 토대'를 구성하는 정보가 됩니다.

쉽게 시도해 볼 수 있는 상황 인지 훈련 방법

초등학교 2학년부터 5학년까지 소속 팀 없이 3년 동안 개인 레슨만으로 축구를 배운 아이가 있었습니다. 예상했던 대로 이 친구는 볼이 있을 때나

교육 영상

없을 때나 늘 볼만 주시하며, 주변 상황을 제대로 인지하지 못한 채 플레이하는 습관이 몸에 배어 있었습니다. 이 습관을 바꿔 주기 위해 고민한 저는 이 친구에게 아주 간단한 한 가지 원칙을 제안했습니다. "스몰사이드 게임이나 자체 경기할 때, 볼을 받기 전에 왼쪽 팀 동료 이름 한 번, 오른쪽 팀 동료 이름 한 번을 소리 내서 외쳐 봐." 처음엔 이름을 부르는 친구도, 불리는 친구도 어색해했습니다. 하지만 두세 달이 지나자 작지만 분명한 변화가 나타났습니다. 완벽하지는 않았지만, 볼만 보던 이 친구의 시선이 서서히 주변으로 확장되기 시작했고 패스 전 동료를 인지하려는 습관이 조금씩 자리 잡기 시작한 것입니다. 이 경험을 통해 저는 두 가지 중요한 사실을 다시금 확인했습니다.

첫째, 지도자의 개입과 교육만으로도 선수가 볼을 받기 전 주변을 확인하는 습관을 길러 줄 수 있다는 것. 둘째, 어릴 때부터 '경기 상황을 읽는 훈련'을 하지 않으면 선수가 인지하고 판단할 수 있는 상황의 범위가 제한될 수 있다는 것입니다.

결국 축구에서 '생각하는 습관'은 단기간의 교육으로 만들어지는 것이 아니라 어릴 때부터 반복적인 훈련을 통해 몸에 익혀야 하는 능력입니다. 흔히 "두 마리 토끼를 잡으려다 둘 다 놓친다지만 유소년 축구에서는 기술과 인지, 두 가지를 함께 길러야만 균형 잡힌 성장이 가능합니다." 볼을 다루는 기술과 경기를 읽는 눈, 이 두 가지는 양립할 수 없는 것이 아니라 반드시 함께 키워야 할 축구의 양 날개입니다.

상황 해결 능력 - 압박 저항력

18

왜 훈련에서는 잘 되는데, 경기에서는 잘 안 될까? "감독님, 훈련할 때는 기술이 잘 되는데, 경기만 가면 왜 안 되는 걸까요?" 이 질문은 축구 교육 현장에서 수없이 들어온 이야기입니다. 선수 본인은 물론, 많은 학부모님들 역시 가장 궁금해하시는 부분이기도 합니다. 사실 저 역시 이 질문을 품고 있었습니다. 그 답을 찾기 위해 유학을 떠났고 수많은 현장을 경험했고 책을 읽고 공부하고 훈련을 되짚었습니다. 돌이켜보면 이와 같은 질문은 축구라는 스포츠의 본질에 가까이 가기 위한 중간 과정이었다고 생각합니다.

지금까지 제가 다가서게 된 본질을 설명해 드리겠습니다. 선수들은 훈련을 통해 드리블, 볼 컨트롤, 패스, 슈팅 등 다양한 기술을 익힙니다. 반복적인 연습을 통해 어느 순간 "조금은 잘 되는 것 같다"는 감각도 갖게 되죠. 하지만 막상 경기장에 나서면 훈련 때는 잘 되던 기술들이 생각보다 잘되지 않습니다. 정확도는 떨어지고, 성공률은 낮아지며, 머릿속이 하얘지는 순간이 찾아옵니다.

왜 그럴까요? 이유는 복합적입니다. 하지만 그 모든 요소의 위에 있어야 할 전제가 있습니다. 바로 축구는 '절대적인 스포츠'가 아니라 '상대적인 스포츠'라는 사실입니다. 한국 유소년 훈련은 정해진 루틴과 예측 가능한 환경 속에서 기술을 반복하는 데 초점이 맞춰져 있습니다. 그러나 실제 경기는 전혀 다릅니다. 상대의 압박, 돌발 상황, 제한된 시야, 빠르게 변하는 공간 그리고 경기 특유의 긴장감과 감정이 동시에 작용합니다. 따라서 훈련장에서 익힌 기술과 실제 경기에서 필요한 능력 사이에는 생각보다 큰 간극이 존재합니다. 저는 이 간극을 좁히는 것이야말로 오늘날 축구 지도자가 반드시 고민해야 할 방향이라고 믿습니다. 그리고 저는 그 해답의 실마리를 스페인에서 찾았습니다.

집중력의 분산: 기술을 꺼내 쓰지 못하는 진짜 이유

스페인에서 지도자 과정을 밟으며, 저는 축구라는 스포츠가 '상대와 끊임없이 상호작용하는 게임'이라는 사실을 처음으로 깊이 이해하게 되었습니다. 그리고 그 상호작용의 핵심에는 하나의 개념이 숨어 있었습니다. 바로 집중력의 분산입니다. 기술을 처음 배울 때는 집중력 10개 중 10개를 온전히 하나의 기술에 쏟을 수 있습니다. 주변을 신경 쓸 필요 없이, 코치님께서 보여 준 특정 기술만 따라 하기에 빠르게 '모방'할 수 있는 것입니다. 하지만 '모방'할 줄 안다는 것이 곧 실전에서 그 기술을 꺼내 쓸 수 있다는 의미는 아닙니다. 경기장 안에서는 수비수의 위치, 동료의 움직임, 공간의 유무, 다음 선택에 대한 판단 등 수많은 요소들이 동시에 나에게 집중력을 요구합니다. 그렇게 되면 한 기술에 온전히 집중할 수 있는 여력은 고작 3~4개 수준에 불과합니다. 우리는 훈련장에서 한 가지 기술에 집중력 10개를 모두 쏟아붓는 방식으로 반복 훈련을 해 왔습니다. 이 방식은 기술을 처음 익힐 때는 분명 도움이 됩니다. 하지만 실전에서는 이야기가 달라집니다. 경기에서는 집중력이 자연스럽게 분산되기 때문입니다.

그렇다면 훈련할 때 10개의 집중력을 모두 사용해서 기술을 익히는 데 익숙해진 선수가 경기장에서 그 기술을 제대로 꺼내 쓰지 못하는 것은 어쩌면 당연한 결과입니다. 문제는 이 '집중력의 전환' 과정이 10개에서 8개, 6개 그리고 3~4개 수준으로 줄여 가는 데 상당한 시간이 걸린다는 사실입니다. 아직까지 한국의 많은 훈련이 '집중력을 모두 사용한 기술 습득 훈련'만 반복하고 있다는 점은 분명 개선이 필요합니다. 결론적으로 기술을 익힐 때 집중력 10개 모두를 사용하는 훈련만큼이나 경기를 뛸 때 집중력이 분산되는 상황에서도 그 기술을 꺼내 쓸 수 있도록 만드는 훈련이 반드시 병행되어야 합니다.

저는 수많은 기술을 알려 주는 것보다 실전에서 반드시 필요한 핵심 기술 몇 가지를 추려 내는 것이 더 중요하다고 믿습니다. 그리고 그 기술들을 집중력 3~4 수준에서도 반사적으로 꺼내 쓸 수 있도록 훈련 환경을 설계해야 한다고 생각합니다. 기술의 양보다 '상황 속에서의 적용 가능성'이 우선입니다. 이것이 제가 추구하는 교육 방향이며, 제가 구성하고자 하는 훈련 환경입니다.

훈련을 실전으로 연결하는 다리: 압박 저항력

한국과 스페인, 두 나라의 축구 문화를 모두 경험한 제 생각은 분명합니다. 한국은 정해진 기술을 정확히 익히는 훈련에, 스페인은 경기 중 기술을 꺼내 쓰는 훈련에 더 많은 비중을 두고 있습니다. 두 방식 모두 장점이 있습니다. 지금의 저는 이렇게 믿습니다. 기술을 익히는 교육과 기술을 꺼내 쓰는 훈련이 공존할 때, 비로소 제가 생각하는 가장 이상적인 축구 교육이 완성된다고 말입니다. 그리고 바로 이 지점에서 하나의 핵심 개념이 등장합니다. 바로 '압박 저항력(Press Resistance)'입니다. "압박 저항력이란, 상대의 압박 속에서도 볼을 잃지 않고 침착하게 다음 플레이로 연결해 낼 수 있는 능력이다." 이 개념은 단순히 수비수의 압박을 버텨 내는 것을 넘어 드리블, 볼 컨트롤, 패스, 슈팅 등 긍정적인 풋볼 액션을 실전 속에서 이어 갈 수 있는 능력을 말합니다. 이 능력을 길러 내기 위해서는 신체 능력, 멘탈 그리고 기술에 대한 자신감이 복합

압박 저항력 훈련

적으로 작용해야 하며, 결국 '기술 숙련'을 넘는 통합적 역량이 요구됩니다. 전술 해설가 리 스콧은 저서 《펩 과르디올라: 과르디올라가 이끄는 최강 맨체스터 시티 전술 콘셉트》에서 압박 저항력을 "상대의 압박 속에서도 좁은 공간에서 볼 소유권을 유지하며, 다음 액션을 침착하게 이어 가는 능력"이라고 정의했습니다. 저는 이 압박 저항력을 세 가지 요소로 정리해서 교육하고 있습니다.

1. 신체적 안정성

압박을 버텨 내는 데 있어 가장 기본이 되는 요소는 자세의 안정

감입니다. 중심을 잃지 않고 자세를 유지할 수 있는 코어 근육과 균형 감각은 압박 상황에서의 물리적 저항력을 만들어 냅니다. 축구에서는 큰 체격보다 순간적으로 중심을 지킬 수 있는 힘이 더 중요할 때가 많습니다. 몸싸움과 접촉 상황에서도 흔들리지 않는 신체적 안정성은 압박 저항력의 물리적 기반이 됩니다.

2. 자기 신뢰와 심리적 안정감

압박은 기술보다 멘탈을 먼저 흔듭니다. 시야가 좁아지고 판단이 흐려지면 플레이를 서두르게 됩니다. 이때 필요한 것은 자기 자신에 대한 신뢰와 심리적 안정감입니다. 제가 스페인 유소년 선수들을 보며 가장 인상 깊게 느낀 부분은 스스로에 대한 확신이었습니다. 실수를 두려워하지 않고, 다시 시도하는 태도. 그것은 축구 교육 환경과 지도자의 철학 속에서 길러진 것이었습니다. 결국 압박 저항력은 "지금 이 상황에서도 나는 해낼 수 있다"는 심리적 확신에서 출발합니다. 설령 플레이가 실패하더라도 다시 도전할 수 있는 회복탄력성 또한 이 능력의 중요한 축입니다.

3. 기술의 자동화

경기 중에는 생각할 시간이 없습니다. 모든 판단과 기술은 머릿속에서 '계산'한 후에 나오는 것이 아니라 몸이 먼저 반응해야 하는 순간들의 연속입니다. 압박이 강한 상황에서는 판단과 기술이 따로 작동해서는 안 됩니다. 두 요소가 하나의 반사 작용처럼 동시에 연결되어야 하며, 이를 위해서는 수없이 반복된 기술의 자동화가 필수입니다. 기술은 단순히 '알고 있는 것'이 아니라, 집중력이 분산된 상황에서도 꺼내 쓸 수 있을 만큼 몸에 배어 있어야 합니다. 즉 집중력 10을 써야 가능한 기술이 아니라 3~4의 집중력으로도 자연스럽게 나올 수 있는 수준까지 숙련되어야 하는 것입니다. 기술 자동화는 결국, 경기의 복잡성과 압박 속에서도 기술이 반응처럼 작동하게 만드는 훈련의 완성형입니다. 이 자동화가 갖춰져야 비로소 진짜 압박 저항력이 실전에서 드러납니다.

신체적 안정성, 자기 신뢰와 심리적 안정감, 기술의 자동화. 이 세 가지 요소는 결코 서로 분리되어 작동하지 않습니다. 신체가 안정되어야 멘탈이 흔들리지 않고, 멘탈이 안정되어야 기술도 자연스럽게 나옵니다. 만약 지금 자신에게 압박 저항력이 부족하다고 느껴진다면, 이 세 가지 중 어느 한 부분이 약해진 것은 아닌지 점검해 보는 것만으로도 스스로를 성장시키는 중요한 출발점이 될 수 있습니다.

✱ 압박 저항력 훈련 예시

압박 저항력이라는 말처럼 실제 경기에서 축구 선수는 다양한 형태의 압박을 마주하게 됩니다. 축구 경기에서의 압박 유형은 크게 세 가지로 나눌 수 있습니다.

1. 상대적 압박

   1) 수비수의 접근, 팀 동료와의 거리 변화 등

   2) 직접적인 몸싸움과 경합 상황을 통해 느끼는 압박

2. 공간적 압박

   1) 터치라인 근처, 좁은 공간, 복수의 수비수에게 둘러싸인 상황

   2) 플레이할 수 있는 공간이 줄어드는 압박

3. 시간적 압박

   1) 팀 동료의 움직임에 맞춰야 하는 빠른 패스 타이밍

   2) 한 박자만 늦어도 볼 소유권을 잃게 되거나 기회를 놓치는 경기 흐름의 압박

이처럼 압박은 단순히 수비수가 다가오는 상황만을 의미하지 않습니다. 좁은 공간, 짧은 시간, 제한된 선택지 속에서 선수는 본능적으로 불편함과 불안감을 느낍니다. 이 불편함에 익숙해지고 불안감을 극복하며 다음 행동으로 이어 갈 수 있는 힘을 기르는

과정이 바로 압박 저항력 훈련의 핵심 목표입니다.

✳ 압박 저항력 훈련 프로그램

압박 저항력을 기르기 위해서는 특정 기술이나 특정 훈련 하나만으로는 부족합니다. 저는 실제 교육 현장에서 다음과 같은 3가지 테마를 중심으로 압박 저항력 훈련 프로그램을 운영하고 있습니다.

1. **공간 압박 적응 미니 게임**

    1) 대표 압박 유형: 공간적 압박

    2) 훈련 조건:

    - 수비 지역, 미들 지역, 공격 지역 등 3개 지역으로 구역 설정

    - 좌측, 중앙, 우측 등 3개 구역 설정

    - 1:1~4:4 소규모 미니 게임을 제한된 공간에서 진행

    3) 목표:

    - 볼 소유권 유지

    - 드리블 또는 패스를 통한 탈압박 후 다음 플레이까지 연계 감각 강화

2. **시간 압박 적응 미니 게임**

    1) 대표 압박 유형: 시간적 압박

    2) 훈련 조건:

    - 볼 터치 수 제한:

논스톱 패스 필수

3터치 이상 필수

- 볼 소유 시간 제한:

3초 안에 패스 or 슈팅

3초 이상 볼 소유 후 패스 or 슈팅

3) 목표:

- 제한된 시간 안에 빠른 판단력과 첫 터치 정확도 강화

- 실제 경기의 빠른 흐름과 시간적 압박에 대한 적응력 향상

3. 상대 압박 적응 미니 게임

1) 대표 압박 유형: 상대적 압박

2) 훈련 조건:

- 1:1~2:2 소규모 미니 게임을 제한된 공간에서 진행

- 일정 시간 지난 경우 지도자에게 볼 전달

- 지도자는 반복적으로 경합 상황을 유도할 수 있도록 새로운 볼 투입

- 볼 소유를 위해 팔, 어깨, 허리, 허벅지, 종아리 등 신체 전반을 활용한 몸싸움 진행

3) 목표:

- 신체 전반을 활용한 볼 소유권 쟁취 및 몸싸움 경험

- 지속적으로 상대와의 경합이 유도되는 볼에 대한 적응력 강화

- 기술과 몸싸움을 결합한 실전형 상대 압박 대응 능력 강화

4. 탈압박 후 연결 훈련

   1) 대표 압박 유형: 상대적 압박 + 시간적 압박

   2) 훈련 조건:

   - 1:1~2:2 소규모 미니 게임을 제한된 공간에서 진행

   - 일정 시간 볼 소유권을 유지 및 쟁취하는 플레이 진행

   - 휘슬 신호 후 볼을 가진 선수(또는 팀)는 탈압박 후 전방 지도자에게 패스 + 침투 + 슈팅 등 다음 플레이로 연계

   3) 목표:

   - 탈압박 이후 다음 플레이(패스 + 움직임)로 전환 습관 형성

   - 볼 소유권 쟁취 및 유지 후 다음 플레이로 연결되는 실전형 압박 저항력 강화

5. 압박 내성 강화 훈련

   1) 대표 압박 유형: 공간적 + 시간적 + 상대적 압박(종합)

   2) 훈련 조건:

   - 공간 제한, 시간 제한, 수적 불리 등 의도적으로 어려운 조건 설정

   - 지도자는 실수를 허용하고 재시도를 유도하며 심리적 안정감 확보

   - 선수의 몸이 실패를 경험하도록 환경 조성, 어려움 속에서도 적은 횟수의 성공 경험을 획득하도록 교육

   3) 목표:

   - 낯선 압박 환경에서도 위축되지 않는 심리적, 기술적 내성 강화

   - "최고의 교육은 경험"이라는 '성장기'에 맞는 훈련 철학 강조

이 훈련들의 공통 목표는 "경기 중 다양한 압박 속에서도 자신의 플레이 성공 또는 실패에 흔들리지 않고, 냉정하게 다음 플레이를 수행할 수 있는 선수"를 육성하는 것입니다. "볼을 빼앗겨도 곧바로 다시 수비로 전환하고, 경합 상황에서 적극적으로 몸싸움을 즐기며, 좁은 공간과 빠른 템포 속에서도 본능적으로 자신의 플레이를 이어 가는 선수. 실패마저 성장의 발판으로 삼기에 압박 또한 두려워하지 않는 선수. 이는 제가 꿈꾸고 제가 길러내고 싶은 선수의 모습입니다."

✻ 압박 저항력 체크리스트

이번 챕터에서는 제가 정리한 '압박 저항력'의 개념과 훈련 철학을 소개해 드렸습니다. 훈련장에서 잘하는 플레이가 경기장에서는 왜 잘되지 않는지, 그리고 훈련용이 아닌 '경기용 선수'로 성장하기 위해 어떤 마음가짐과 훈련 목표가 필요한지 함께 확인하셨을 것입니다. 그렇다면 우리 아이의 압박 저항력은 어느 정도일까요? 다음 체크리스트는 선수와 학부모가 실제 경기나 훈련에서 아이의 플레이를 간단하고 명확하게 점검할 수 있도록 만든 가이드입니다.

이 체크리스트의 목적은 단순히 "기술이 좋은가?"를 확인하는 것이 아닙니다. 아이의 기술을 경기장에서 꺼내 쓸 수 있는가, 즉 압박 속에서도 플레이를 이어 갈 수 있는지 그 태도와 습관을 보는 것입니다. 아이를 관찰할 때는 실수 자체보다 행동 패턴에 주목해야 합니다. "볼을 잃어도 바로 다시 움직이는가?", "시야를 확보하고 다음 플레이를 준비하는가?", "드리블, 볼 컨트롤, 패스, 슈팅 등을 주도적으로 선택하는가?" 이런 패턴을 꾸준히 점검하면 아이의 압박 저항력과 실전 적응력이 어떤 속도로 성장하고 있는지 쉽게 확인할 수 있습니다. 그리고 무엇보다 이런 관심과 피드백은 아이에게 '실수를 두려워하지 않고 다시 도전해도 된다'는 신호를 줄 수 있습니다. 결국 압박 저항력은 기술이 아니라 태도와 경험에서 완성됩니다. 선수와 학부모가 함께 이러한 관찰을 생활화한다면 아이의 성장 속도는 훨씬 더 빨라질 것입니다.

압박 저항력 체크리스트

- [ ] 1. 볼을 받고 2초 안에 볼 소유권을 잃는 빈도가 높은가?
  → 상대 압박을 미리 인지하지 못했거나 기술 준비가 부족한 상태일 수 있습니다.
- [ ] 2. 등진 상태에서 볼 소유권을 유지할 수 있는가?
  → 몸을 활용해 볼을 지키는 능력은 압박 저항력의 핵심입니다.
- [ ] 3. 압박 상황에서도 멈추지 않고, 도전적으로 다음 플레이를 시도하는가?
  → 압박을 받아도 멈칫하거나 회피하지 않고 드리블·패스 등 다음 동작을 이어 가는 선수는 압박에 적응한 것입니다.

- [ ] 4. 실수 후 위축되지 않고 다시 시도하는가?
  - → 심리적 내성이 있는 선수는 실수를 받아들이고 즉시 재도전합니다.
- [ ] 5. 볼 없는 상태에서 다음 플레이를 위해 부지런히 준비하는가?
  - → 압박을 받기 전에 시야를 확보하고 자세를 준비하는 선수일수록 압박 저항력이 높습니다.
- [ ] 6. 몸의 중심을 낮추고 균형을 유지하며 볼을 지킬 수 있는가?
  - → 신체 무게 중심이 낮고 균형 잡힌 선수는 갑작스러운 몸싸움에서도 쉽게 흔들리지 않습니다.
- [ ] 7. 빠른 템포 속에서도 타인이 아닌 자신이 주도적으로 플레이를 선택하는가?
  - → 경기 속도가 빨라져도 압박에 흔들리지 않고 본인이 의도한 선택을 이어 가는 선수는 압박 저항력이 높습니다.
- [ ] 8. 몸싸움을 당한 후 반응하는가, 아니면 미리 예측해 먼저 몸싸움을 시도하는가?
  - → 몸싸움을 회피하지 않고 먼저 주도권을 잡으려는 태도는 높은 압박 저항력을 표현합니다.
- [ ] 9. 볼을 잃은 뒤 '끊김' 없이 곧바로 수비로 전환하는가?
  - → 압박 저항력이 높은 선수는 공격과 수비 전환에서도 심리적 동요가 적고 곧바로 해야 할 것을 합니다.
- [ ] 10. 공격 지역에서 드리블 성공 시 슈팅 또는 패스로 연결되는 확률이 높은가?
  - → 공격 지역에서는 최종 목표가 골이므로 압박을 뚫어 낸 뒤에는 결정적인 선택으로 마무리해야 합니다.

상황 해결 능력 - 경기 경험

19

"우리가 열심히 훈련하는 이유는 무엇일까요?" 아마 '훈련을 잘하기 위해서요'라고 대답하는 사람은 거의 없을 것입니다. 대부분의 선수들은 이렇게 말할 겁니다. "경기에서 잘하기 위해서요." 맞습니다. 우리가 훈련하는 진짜 이유는 결국 '경기'를 잘하기 위해서입니다. 훈련을 잘하기 위해 훈련하는 사람은 없습니다. 생각의 꼬리를 물다 보면 결국 이런 질문과 마주하게 됩니다. "경기를 잘하기 위해 훈련한다면, 경기하는 것 자체가 어쩌면 최고의 훈련 아닐까?"

아무리 같은 동작을 수백 번 반복해도 훈련장은 여전히 안전하고 예측 가능한 공간입니다. 실수해도 다시 기회를 얻을 수 있고, 상대의 강한 압박이나 갑작스러운 변수가 거의 없습니다. 하지만 경기장은 다릅니다. 한 번의 실수가 곧바로 실점으로 이어집니다. 그 순간의 긴장감과 중압감은 훈련에서는 결코 느낄 수 없는 '긍정적인 자극'이 됩니다.

한국에서의 제 어린 시절을 떠올리면, 훈련과 경기 사이에는 늘 괴리감이 존재했습니다. 훈련장의 분위기와 경기장의 분위기는 전혀 달랐습니다. 훈련 때는 늘 감독님과 코치님의 시선 속에서 그 눈치를 의식하며 실수하지 않도록 훈련했습니다. 하지만 경기장에 들어서는 순간, 전혀 다른 현실이 우리를 맞이했습니다. 이제는 더 이상 지도자의 시선이 아니라 진짜 경쟁 상대인 상대 팀과 정면으로 맞닥뜨려야 했습니다. 문제는 제가 훈련을 통해 쌓아온 실력과 감각은 훈련장의 긴장에만 익숙했다는 것입니다. 경기장은 달랐습니다. 숨 막히는 압박, 예측할 수 없는 속도, 단 한 번의 실수가 곧바로 실점으로 이어지는 냉정한 현실과 마주쳤습니다. 훈련에서는 그 세계를 제대로 마주하기 어려웠습니다. 그래서였을까요. 경기장에 서면 저는 종종 준비되지 못한 선수처럼 느껴졌습니다. 머리로 알고 있고 훈련할 때 수없이 해왔던 동작들이 경기장에만 들어서면 낯설고 어색해졌습니다. 그때 저는 스스로에게 물었습니다. "왜 이렇게 훈련과 경기 사이에서 괴리감을 느끼는 걸까?" 그리고 훗날, 스페인 유학 시절 저는 그 질문의 답에 한 걸음씩 다가갔습니다. 그러다 마침내 의문이 서서히 풀리기 시작했습니다. 스페인에서 경험한 축구 문화는 완전히 달랐습니다. 그들은 이렇게 말했습니다. "훈련은 경기처럼, 경기는 훈련처럼." 놀라운 것은 이 말이 그저 멋진 구호에 그치지 않았다는 점입니다. 훈련에서도 실제 경기와 똑같은 압박과 속도 그리고 실전 강도의 감정을 그대로 재현했습니다. 그들에게 훈련과 경기는 '이원화'된 것이 아니라 경기 안에 훈련이 포함된 '일원화'된 구조처럼 느껴졌습니다. 더 흥미로운 사실은 그렇게 경기보다 더 강한 압박 속에서 훈련하다 보니 막상 경기장에서는 오히려 더 차분하고 냉정하게 플레이할 수 있었다는 점입니다. 훈련장과 경기장에서의 감정과 태도가 일치하자, 훈련에서 익힌 퍼포먼스가 곧바로 경기로 전이되는 속도는 제가 한국에서 경험했던 것과는 비교할 수 없을 정도로 빨랐습니다.

저는 이 지점에서 한 가지 중요한 사실을 깨달았습니다. 경기 경험 없는 반복 훈련에는 분명한 한계가 있습니다. 아무리 많은 기술을 훈련하더라도 실제 경기의 복잡성과 변동성이라는 파도에 올라타지 못하면 그 기술은 결코 수면 위로 떠오르지 못합니다. 스페인 유소년 팀의 주요 훈련 프로그램이 미니 게임인 이유가 바로 여기에 있습니다. 그들은 훈련 때마다 '작은 경기'를 치릅니다. 그 속에서 선수들은 수없이 많은 상황과 마주하며 성공하기도 하고 실수하기도 하고 넘어졌다가 다시 일어서기도 합니다. 눈에는 잘 보이지 않지만 이 과정에서 선수들은 '경기 경험'이라는 보이지 않는 근육을 끊임없이 키우게 됩니다. 이러한 경험이 반복되면서, 경기장에서의 선택은 더 이상 머리로 계산하는 과정이 아니라 훈련을 통해 몸에 새겨진 '직관적 반응'으로 자연스럽게 나타나게 됩니다.

현재 대한민국 축구를 이끌고 있는 이승우, 백승호 선수의 사례를 통해 우리는 두 나라 훈련 철학의 차이를 직간접적으로 느낄 수 있습니다. 두 선수는 FIFA 징계로 약 3년 동안 공식 경기 출전이 금지되었고, 만 18세가 되어서야 비로소 다시 복귀할 수 있었습니다. 놀라운 것은 그 긴 공백기에도 두 선수는 기본적인 경기력을 유지했고, 복귀 후 곧바로 유럽 프로 무대에서 경쟁할 수 있었다는 사실입니다. 물론 그 3년은 결코 가벼운 시간이 아니었습니다. 만약 두 선수에게 그 긴 공백이 없었다면 어땠을까요? 동일한 시기에 FIFA 징계 없이 스페인 유스 시스템을 100% 경험한 이강인 선수처럼, 그들 역시 세계적인 무대에서 더 높은 레벨의 경쟁력을 갖춘 선수로 성장했을지도 모릅니다. 하지만 현실은 달랐습니다. 이강인 선수와 달리 두 선수는 3년간의 공백을 마주할 수밖에 없었고, 최고 수준의 경기 감각과 예리함을 완벽히 유지하기는 어려웠습니다. 결국 두 선수 모두 FC 바르셀로나를 떠나야 했습니다.

그러나 이 사례는 우리에게 중요한 메시지를 줍니다.

"유소년 시절부터 최고 수준의 경기 경험을 위해 '작은 경기'를 매 훈련마다 반복하는 스페인의 교육 철학은 선수에게 압박 속에서도 버티는 힘과 경기 감각을 부여하고, 회복 탄력성이라는 보이지 않는 자산을 남긴다."

바로 이 보이지 않는 경기 경험이 있었기에 두 선수는 3년의 공백을 갖고도 다시 프로 무대에 설 수 있었던 것입니다. 반대로 상상해 보겠습니다. 만약 이승우, 백승호 선수가 한국에서 고등학교 3년을 경기 없이 팀 훈련만 하며 보냈다면 어땠을까요? 그 현실은 훨씬 더 냉정했을 것입니다. 한국의 훈련 환경에서는 훈련과 경기 간의 간극이 너무 크기 때문입니다.

선수는 무대에 서야만 진짜 연주자가 됩니다. 아무리 연습실에서 악보를 수백 번 반복해도, 실제 무대가 주는 긴장감과 변동성, 관객의 숨소리를 견디지 못하면 뛰어난 연주자가 되기는 어렵습니다. 축구도 마찬가지입니다. 부족하더라도 선수는 결국 경기라는 무대에 올라야 합니다. 스페인 유소년 훈련과 한국 유소년 훈련을 비교하면, 여전히 우리의 훈련장은 '아무도 없는 연습실'에 가깝습니다. 기술을 반복하고, 패턴을 외우기는 하지만 경기가 만들어 내는 예측 불가한 리듬과 상대의 압박에서 오는 심장 박동 같은 긴장을 견디기에는 역부족입니다. 이 차이가 스페인 유스 시스템과 한국 유스 시스템을 가르는 근본적인 벽입니다. 스페인에서는 매일의 훈련이 곧 작은 경기이고, 선수들은 그 속에서 끊임없이 부딪히며 눈에 보이지 않는 '경기 경험치'를 쌓아 갑니다. 반면 우리는 기술은 익힐지 모르지만, 실전 감각과 변동성을 몸으로 체득할 기회가 턱없이 부족합니다.

경기 경험을 기록으로 남기는 힘

유소년 축구 선수의 하루는 생각보다 쉽지 않습니다. 학업도 소홀히 할 수 없고, 훈련에도 최선을 다해야 합니다. 거기에 팀 스포츠 특유의 과제까지 따라옵니다. 팀 동료들과의 관계, 지도자와의 관계까지 신경 쓰며 하루를 보내야 합니다. 그런 생활을 묵묵히 견디며 축구를 이어 가는 것만으로도 정말 대단하고 대견한 일입니다. 앞에서 우리는 '경기 경험'의 중요성을 살펴봤습니다. 친선 경기든, 공식 경기든, 타 팀과의 경기는 모두 이번 챕터에서 말하는 '경기 경험'을 쌓을 수 있는 최고의 기회입니다. 훈련장에서 수천 번 반복한 기술과 전술이 실제 경기장에서 시험받는 순간이 바로 이때입니다. 그래서 저는 저에게 축구를 배우는 선수들에게 이렇게 말합니다. "훈련 일지는 못 써도 괜찮다. 하지만 경기가 있는 날만큼은 반드시 '경기 일지'를 작성해야 한다." 왜일까요? 그 이유는 많은 선수들이 소중한 경기 경험을 그냥 흘려보내기 때문입니다. 경기장에서 만들어진 성공과 실패, 순간적인 판단과 선택들이 정리되지 않은 채 그대로 사라져 버립니다. 이렇게 되면 어떤 문제가 생길까요? 다음 경기에서도 똑같은 실수가 반복될 수밖에 없습니다. 기록하지 않으면 기억할 수 없고, 기억하지 못하면 훈련으로 보완할 수도 없기 때문입니다. 그래서 경기 일지는 단순한 기록이 아니라 훈련과 경기를 연결해 주는 다리이며, 경험을 몸에 새기는 학습으로 바꿔 주는 성장의 도구입니다.

시중에는 이미 다양한 경기 일지 노트가 판매되고 있습니다. 누군가가 만들어 둔 틀에 맞춰 자신의 생각을 기록하는 것도 좋은 방법입니다. 다만, 제가 선수들에게 강조하는 경기 일지의 핵심은 '어떤 내용을 담느냐'에 있습니다. 제가 생각하는 경기 일지에 반드시 기록해야 할 3가지는 다음과 같습니다.

1. 경험을 학습으로 전환한다

　1) 성공 장면: 어떤 상황에서 성공했는가?

　　(예: 전진 패스 성공, 1:1 돌파 성공)

　2) 실패 장면: 왜 실수했는가?

　　(예: 시야가 좁음, 판단이 늦음)

　3) 당시 상태: 그 순간 내 시야, 판단, 감정은 어땠는가?

이렇게 기록하면 순간적인 경험이 휘발되지 않고 '몸에 남는 학습'으로 바뀝니다.

2. 나만의 성장 지도 만들기

　1) 반복되는 실수 패턴 파악

　2) 경기에서 드러난 나의 강점과 약점 확인

　3) 시간에 따라 변해 가는 나의 플레이 스타일 기록

꾸준히 작성한 일지를 바탕으로 자신의 생각과 궁금한 내용을 팀 지도자와 공유하면 맞춤형 훈련 피드백으로 이어질 수 있기 때문에 성장 속도가 빨라집니다. 더불어 팀 지도자의 긍정적인 평가 또한 받을 수 있습니다.

3. 다음 훈련의 목표를 명확하게 잡는다

1) 이번 경기에서 드러난 약점을 기반으로 훈련 설계

 - 예: 이번 주는 수비 전환 속도 보완

 - 예: 압박 상황에서 전진 패스 연습

2) 팀 목표: 팀 훈련 목표 달성에 집중하며, 동시에 개인 목표와 연결해 훈련 효과 극대화

3) 개인 목표: 팀 훈련을 통해 자신의 보완점을 강화

똑똑한 선수는 훈련에 들어가기에 앞서 팀의 목표와 개인의 목표 두 가지를 가슴에 품고 훈련에 임합니다. 이렇게 하면 '훈련' → '경기' → '일지' → '훈련'의 성장 순환 구조가 완성됩니다. 훈련의 완성은 경기에서, 경기의 완성은 기록에서 시작됩니다. 겉으로 보기엔 작은 습관 같지만 경기 일지를 쓰는 선수는 성장 속도가 달라집니다. 이 습관이 쌓이면 경험은 흘러가지 않고 몸에 새겨져 '실력'이라는 이름으로 경기장에서 나타날 것입니다.

사실 이번 챕터는 지도자인 저 자신을 향한 채찍질이기도 합니다. 앞으로 제가 어떤 방식으로 아이들을 지도해야 할지 끊임없이 고민하게 만들기 때문입니다.

이 글을 읽고 계신 선수와 학부모님들께서는 현실에서 당장 큰 변화를 만들기 어려울 수도 있습니다. 하지만 생각의 전환만큼은 지금 당장 시작할 수 있습니다. 그 작은 변화가 차곡차곡 쌓이면 언젠가 훈련과 경기의 간극을 좁히는 큰 힘이 될 것입니다.

⚽ 조세민의 풋볼레슨 경기 일지

이름 :   (서명)

날짜		장소	
상대 팀명		컨디션	상 중 하

팀 경기 목표	개인 경기 목표

경기 결과			
1쿼터	2쿼터	3쿼터	4쿼터

전반전	
팀플레이 평가	주요 장면
개인 플레이 평가	

후반전	
팀플레이 평가	주요 장면
개인 플레이 평가	

감독, 코치님께서 전해주신 이야기	이번 경기 평가 및 다음 경기에 임할 각오

에필로그

2025년 7월 31일. 아이러니하게도 이 책의 초고를 출판사 담당자에게 보낸 날은 FC 바르셀로나가 15년 만에 한국을 찾아 FC 서울과 친선 경기를 치른 날이었다. 경기의 내용이나 결과보다 내 마음을 울린 장면은 따로 있었다. 킥오프를 앞두고 선수단이 한국 유소년 선수들의 에스코트를 받으며 입장하던 순간, 레반도프스키가 옆에 서 있던 작은 꼬마 선수에게 장난을 치는 모습이 카메라에 잡혔다. 꼬마 선수는 잠시 당황했지만 세계 최고의 선수들을 향한 동경을 숨기지 못했다. 그 눈빛 속에는 분명 세계 최고의 선수들을 닮고 싶다는 '동경'과 '희망'이 담겨 있었다. 그러나 나는 알고 있었다. 축구 문화의 벽, 교육의 벽, 시스템의 벽 그리고 환경의 벽 등 그 아이가 아직 모르는 수많은 '벽'들이 존재한다는 것을. 그리고 그 벽을 넘는 일은 아이의 노력만으로는 불가능하다는 것을.

이 책은 아이들의 그런 동경과 희망이 '현실'이 되기를 바라는 마음으로 치열하게 고민하고, 현장에서 부딪히며, 배우고 정리해 온 한 축구인의 흔적이다. 어떤 이에게는 이 흔적이 하찮게 보일지도 모른다. 그러나 나는 믿는다. 동시대에 태어나 '인생'이라는 여정을 시작하고, 나와 같이 '축구'를 사랑하며, '축구 선수'를 꿈꾸는 아이들에게 이 작은 흔적들이 더 나은 선택을 내리게 하는 작은 힌트가 될 수 있다는 것을. 그들의 눈빛 속에 살아 숨쉬고 있는 '꿈'이 상상에만 머물지 않고 현실 속에서 자기만의 꿈을 창조해 나가길 진심으로 기대한다.

'아버지, 어머니 감사합니다. 그리고 고생했다, 세민아.'

**내 아이가 축구를 한다면
꼭 전해 주고 싶은 이야기**

1판 1쇄 인쇄 2025년 11월 21일
1판 1쇄 발행 2025년 11월 28일

지은이 조세민
펴낸이 김기옥

실용본부장 박재성
실용팀 이소정
마케터 서지운
지원 고광현, 김형식

디자인 푸른나무디자인
인쇄·제본 민언프린텍

펴낸곳 한스미디어(한즈미디어(주))
주소 121-839 서울시 마포구 양화로 11길 13(서교동, 강원빌딩 5층)
전화 02-707-0337 | **팩스** 02-707-0198 | **홈페이지** www.hansmedia.com
출판신고번호 제 313-2003-227호 | **신고일자** 2003년 6월 25일

ISBN 979-11-94777-76-2 (13690)

책값은 뒤표지에 있습니다.
잘못 만들어진 책은 구입하신 서점에서 교환해 드립니다.